法制传播研究

2017年第1辑

人民公安报社　编

群众出版社
·北　京·

图书在版编目（CIP）数据

法制传播研究. 2017 年. 第 1 辑/人民公安报社编. —北京：群众出版社，2017.4

ISBN 978 – 7 – 5014 – 5678 – 9

Ⅰ. ①法… Ⅱ. ①人… Ⅲ. ①法律—文集 Ⅳ. ①D9 – 53

中国版本图书馆 CIP 数据核字（2017）第 079223 号

法制传播研究

2017 年第 1 辑

人民公安报社 编

出版发行：群众出版社
地　　址：北京市西城区木樨地南里
邮政编码：100038
经　　销：新华书店
印　　刷：北京市泰锐印刷有限责任公司

版　　次：2017 年 4 月第 1 版
印　　次：2017 年 4 月第 1 次
印　　张：7.75
开　　本：787 毫米 ×1092 毫米　1/16
字　　数：96 千字

书　　号：ISBN 978 – 7 – 5014 – 5678 – 9
定　　价：35.00 元

网　　址：www.qzcbs.com
电子邮箱：qzcbs@163.com

营销中心电话：010 – 83903254
读者服务部电话（门市）：010 – 83903257
警官读者俱乐部电话（网购、邮购）：010 – 83903253
公安业务分社电话：010 – 83905672

我们，一直在路上

人民公安报社总编辑　孙福会

1924 年，美国《纽约时报》的记者采访英国登山家乔治 · 马洛里时，问他为什么要去攀登珠穆朗玛峰，他说“Because it is there（因为山在那里）”。那次攀登中马洛里不幸遇难，这个回答也成了他留给后人的一句名言。前两年，我和报社采访组前往西藏采访的时候有人也问过类似的问题，让我想起了马洛里的名言，套用一下，应当说：因为新闻在那里。

为此，我们一直在路上。

为了落实“走转改”的要求，讲好警察故事，近几年报社策划了“西部行”、纪念红军长征胜利八十周年等大型调研采访活动，由社领导带队组成采访小组，深入公安基层一线，体验警队的生活，反映民警的工作，讲述警察的故事。希望通过这些采访活动让采编人员真正深入基层，更加贴近基层民警，写出更多“接地气”的报道，提高报纸的“温度”。

这些大型报道活动以文字、图片、视频等形式，通过报纸、网站、“两微一端”等全媒体联动的形式进行了全方位的报道，引起了基层一线民警的共鸣。在“西部行”的报道中，中国警察网上“西藏民警晒心愿”的一组图片当日点击量过万，并在西藏警察的“朋友圈”中大量转发。参加这些采访活动的记者都很有收获，更有年轻记者感慨“没想到偏远的基层埋藏着这么多感人的故事”。

新闻在哪里？这本不是一个问题。但作为机关报，这些年越来越多地关注机关，往往忽略了来自基层的报道；来自机关公文式的报道越来越多，来自基层鲜活的、有血有肉的报道越来越少。前两年，我和采访小组到西藏采访，曾到过全国最后一个通公路的墨脱县，以及阿里地区接近新疆的检查站，半个月时间走了7000多公里。每到一处，都感觉有太多的素材：坚守墨脱14年的民警，在阿里边防部队开车19年的“兵王”，在川藏线最危险的“通麦天险”常年疏导交通的指挥员，在高寒的“死人沟”值守的检查站民警，常年帮助辖区困难群众的派出所“爱心团队”，等等。每一个人物看上去都很普通，但每个人身上都有很多闪光的东西，采访过后都会让记者有一种“根本就停不下来”的报道冲动。

所以，更多的采访线索往往不是按图索骥的结果，不经意间的一次闲谈或许可以获得更为生动的素材。关键在于，要走出去，要人到、心到。

怎么采访？没有哪个记者承认自己不会采访，但很多记者的采访方式单一。用耳太多，开座谈会，听介绍、看材料，很多稿件带着浓重的“文件味”。所以，一些大型采访活动要求采访的记者到基层，多走、多看、多思考，学会“用脚采访，以眼代嘴”。

报社记者采访的机会很多，但很多采访依赖于简报材料，或蜻蜓点水般开个简单的座谈会，很少有机会真正住下来，和采访对象一起下乡，一起工作。西藏采访小组历经两年时间，走遍了每一个地市。在去墨脱的路上，采访组遭遇了泥石流、道路塌方；开车到阿里，经历了1600多公里漫长的行程，在海拔5000多米的高原真切体验到高原缺氧、头痛欲裂的感觉。这些都是采访的一部分，没有这些体验，根本无法感受到基层工作的艰苦和民警的奉献。

只有身临其境，才能感同身受。

走进一线，力求走得要近。好的情节最能打动人。一些人物报道不能打动人，正是因为很多素材来自于别人的介绍、回忆，缺少生动的情节、细节。

走进一线，记者身段要低。一篇好的稿件要想打动读者，先要打动自己，用自己的激情去打动读者。现在一些稿件之所以缺少情感，往往是作者站得还不够低。

走进一线，记者站位要高。要学会跳出事外，在看似普通的人物、事件中发现不同于他人的意义。

怎么写稿？用事实说话。“观点故事化，故事细节化”。用文字、图片、视频还原现场，再现画面，以一个截面（片断、剖面）反映全貌。文字稿件的现场要多用动词，少用形容词；多用生活化语言，少用书面语对话。

在墨脱采访公安局政委王勇时，采访小组只开了一个简单的座谈会，更多的时间是和他一起下到派出所，一起到他工作过的地方听他讲述在墨脱 14 年的故事。在写稿时，我们把系列报道的三个部分的主题分别定为“艰苦”“坚守”和“艰辛”，用大量细节来反映主题。如写他徒步五天到墨脱报到，经历常人无法想象的与世隔绝般的艰苦；写他在别人纷纷离开的情况下，如何放弃了离开的机会坚守在墨脱；写他先后经历孩子患新生儿黄疸、母亲患脑溢血、爱人患红斑狼疮却无法照顾，时时牵挂家人的艰辛。我们报道的全部是一个普通民警的故事，没有任何拔高，也没有过多的评价，我们希望用最朴实的语言、生动的事例打动读者。有基层民警评价这些报道：“真实而感人，从很多细节的描述中，似乎看到了自己和身边同事工作、生活的影子。”“因为真实，所以感人。”

当在西藏采访即将结束的时候，采访小组仍不忍离开。半个月里，和民警一起下乡，一步一脚泥，光脚下水一起推车，坐在茫茫戈壁上啃干粮，这些经历让每一个记者终生难忘；和采访对象一起高兴，一起难过，和民警的感情近了，对公安工作的理解深了。所以，当记者把自己的作品呈现给读者的时候，自己也是受益者。

有人说“‘山在那里’就是一种对未来的憧憬，一种期待”，因为山外有山，最美的总是下一座山。未知的前方总是充满神秘、惊险、刺激，只要不停止憧憬和追求，不停下脚步，总会有新的收获。

不断给自己创造接近基层的机会吧！因为更多的新闻在那里！

contents /目　录

卷首语

本期专题：走基层，抓“新闻”

业务讲座

新闻与法

前沿观察

典型宣传

传播探索

公关纵横

经营之道

通讯员园地

谈谈如何做好暗访报道

王　伟

【摘　要】《公安内参》创办13年来，在报道典型经验、反映一线实情、推动公安改革、监督推动工作等方面发挥了独到作用。暗访是新闻媒体进行舆论监督的一种有力武器。如何运用好暗访报道，凸显新闻调查的力量，本文结合自身采访实践，作了深入细致的阐述。

【关键词】暗访　预案　角色　证据固定

暗访报道是新闻媒体进行舆论监督的一种有力武器。运用好暗访报道，可以更加有效地掌握所要调查事件的真实情况，减少记者因身份公开带来的采访障碍和干扰，凸显新闻调查的力量。《公安内参》创办13年来，多次组织策划批评监督类的暗访报道，形成了具有鲜明公安内部监督特色的“拳头”品牌。

自加入内参部以来，我先后参与了微型摄录设备产销、上海世博会安保、大走访“开门评警”、“清剿火患”、全国“两会”地方截访、基层公安机关“四风”问题、G20杭州峰会安保等多个暗访报道，采写的作品多次获得好评。这些采访让我体会到做好暗访报道的不易。相较于常规新闻报道，暗访对记者的业务能力、综合素质、敬业精神有着更高的要求。每一次暗访报道，都让我获益匪浅。下面我结合自己历年来的亲身实践，谈谈做好暗访报道的几点体会：

做好准备工作，制定详尽预案

新闻采访，案头工作必不可少。对于暗访报道来说，准备工作尤为重要。除了日常多收集学习此类报道的技巧、方法、注意事项外，在具体到每一次暗访报道时，首先要做的，就是尽快掌握报道内容的背景、规划报道的大致方向，防止采访“漫天撒网”。

2009 年 9 月，我在做微型摄录设备产销调查的暗访报道时，先期就做了大量资料“占有”工作。MP9，这种当时在市场上销售火爆的电子产品，它的市场价格、样式、规格、生产厂家、销售渠道都是什么情况？它的生产、销售是否合法，使用是否侵犯公民隐私权？通过翻阅大量资料，及与部分网上销售商进行交流，我大致掌握了这一领域的基本情况。有了知识储备，实地在电子市场与商家沟通时，才会有“底气”，不至于被商家宣传“牵着鼻子走”，临场提出的问题也会更有针对性。

规划报道的大致方向，也是进行暗访报道之前必须拟定好的，尤其是辗转多地、多角度采访的暗访报道。以上海世博会安保暗访报道为例。此次报道涉及世博会场馆、场馆周边、社会面、“护城河”等多个角度，仅社会面就需要了解公交地铁人员疏散、宾馆网吧的实名登记与消防隐患、社区重点高危人群管控等诸多方面。在规定的采访时间之内，要完成这么大量的工作，如果没有详细的报道预案，仅靠临场发挥，显然是不可能的。

因此，制定预案要尽可能完备，不仅要拟定暗访哪些领域、如何开展，如有必要，甚至可以将暗访的具体单位都提前设计好。比如，在上海世博会已经运行半程之际，想要了解游客进园安检、入馆排队、馆内参观是否平稳、有序，就必须通过其他媒体的先期报道，掌握哪个安检口游客最多、哪几个展馆排队时间较长、排队时间大约是多少，以此合理安排暗访行程、平衡采访范围、提高采访效率。

当然，新闻采访的临时性、机动性很强，暗访报道中可以根据实际情况随时调整计划。一般来说，暗访报道不少于两人，属于团队合作，因而准备工作中还要做好责任分工。

设定合理角色，灵活提出问题

相较于一般采访，暗访报道不仅要求记者是新闻事件的观察者、记录者，还需要记者成为参与者、体验者。为了获取更真实、更有价值的信息，记者应根据采访内容，巧妙设计角色，将自身融入采访环境当中。

2010 年和 2013 年，在全国“两会”召开之际，我曾两次暗访地方进京截访现象。经过几个早晨的观察，我发现在公安部信访办所在的东堂子胡同两侧、国家信访局门前东西 100 米路边，有不少人群聚集，三三两两闲聊中，不时注意着过路行人。我凭直觉认定他们就是地方截访工作人员。可如何接近他们？我和同事商量后，决定假扮某地来截访的工作人员，以“同行”身份与他们打招呼、拉近关系。由于我们并不熟悉截访工作，因此攀谈中不要过多介绍自己，以防露馅，而是更多采用委婉的问询方法，多听对方说。同样，为了获得上访群众信“访”不信“法”的第一手资料，我们又假扮上访群众，与其他上访人一起排队，在聊天过程中掌握他们的真实心态。

暗访报道的角色设定要尽量贴近自身实际，以自己相对熟悉的身份和领域融入采访。比如，在暗访地方公安机关“开门评警”大走访时，我们想了解某个社区的见警率如何、警民关系怎样，就以租房者、社会调查工作者的身份与社区群众交流；在暗访地方公安机关“四风”问题时，我们以户口迁移、身份证丢失的名义了解公安窗口服务态度。

角色设定下，如何与暗访对象交流，需要记者灵活应变。一般采访中，记者对想了解的问题常常“单刀直入”、直奔主题，但暗访报道往往是“欲速则不达”，过于直接地发问，很容易引起受访对象警觉。此时记者应根据角色定位，采取“迂回战术”。

比如，在对 G20 杭州峰会前期安保工作进行暗访时，需要了解小商品市场治安和消防隐患排查工作。如果直接向小商贩询问“平时有没有市场工作人员来检查”等问题，肯定会引起商贩警惕，即使得到回答，也未必是真实情况的反映。因此，我们假装顾客，就某个商品与商贩砍价，顺带从“怎么这里人流不是很旺啊，记得以前顾客挺多的”等类似问题切入，然后带出“因 G20 峰会召开，近来好多商铺面临停业整顿”的信息，并在看似不经意的交谈中，一点一点接近我们本想了解的问题。

借力当地资源，发现内幕线索

暗访报道时间紧、任务重，尤其当身处一个陌生的城市，靠满大街瞎溜达找线索，费时费力。要想快速找到最有价值的新闻素材，还需要充分借用暗访地的各种资源。

2013 年 8 月，在对基层公安机关“四风”问题进行调查时，我和同事就充分利用了当地的信息资源。我们选取的两个暗访省份，分别是我自己当年上大学的省份和同事家乡所在省份，两省里都有我们的大学同学或高中同学，他们有些人本身就从事媒体工作。通过他们及他们的“朋友圈”，我们很快掌握了一些新线索，而不仅仅把暗访圈定在“扮演办证群众暗访民警服务态度”上。比如，当时我同学的一位朋友是某市晚报记者，他提供了一条线索——某大报报社驻当地记者站站长养藏獒进出办公楼，办公楼里的工作人员感到害怕，屡次报警却没有下文。有了这条线索，我们与有关工作人员一起，就这一“扰民”问题再次去辖区派出所咨询，非常容易地与民警就某个具体警情搭上了话。

在当地朋友的介绍下，我们还接触上了很多职业的新闻报料人，他们非常熟悉当地哪里是治安乱点，哪些地方是交通检查点，哪里能最快跟进新发警情。在他们的指引下，我们找到了当地有名的电子赌博机娱乐一条街，深入场所观察赌徒赌博下注，之后报警，看接处警情况。我们还通过当地朋友联系上了一位驾考“考托”，暗访当地驾考存在的违规现象。这些“内幕”如果没有线索是很难被发现的。比如，一些赌博游戏厅门面不悬挂任何招牌，或者张冠李戴打着“饺子馆”等幌子，门口还用厚厚的棉布帘子遮挡，不熟悉情况的人，很难知道里面的“生意”是什么。

借用当地资源，不光是靠熟人联系，陌生人尤其是熟悉情况的陌生人，也能提供很多有价值的信息，这其中最需要借力的就是出租车司机。出租车司机不仅熟悉城市交通路线，他们的信息也非常灵通，记者打车时多留个心、多问上两句，或许就会发现一些可以挖掘的点。社区保安、房屋中介等，也都是可以借力的信息来源。

防止偏听偏信，多方求证真伪

记者暗访中会收集到各类信息，但有些信息不是看到、听到就可以直接拿来使用的，信息的真伪性还需核实。尤其是一些言语信息，由于很难直接证实，这就需要记者多角度地寻找其他证据来为待用的言语信息佐证，以防出现“听风就是雨”“以偏概全”的情况。

在暗访基层公安机关“四风”问题后，我曾以《跑了六趟，办不下一张身份证》为题成文，反映某些基层公安窗口“脸难看、事难办”。标题反映的内容，并非我亲眼看到，而是我在某派出所户籍室外，听一名青年讲述的。尽管这个点很吸引眼球，也非常能凸显派出所办事效率低下，但由于“并非眼见”，此单条信息说服力欠佳，需要其他信息来支撑。

这次暗访，我和同事是以办证群众的身份在户籍室等候的。当时门外十几名群众将门口围得水泄不通，我们等了半个多小时，全程无人指引排队，也没有“叫号”，场面无序杂乱，人群中还有3

位白发苍苍的老人。整个过程，户籍民警要么在电脑前敲字，要么在调试打印机，没有给等候群众任何解释。有的人看等候时间太长就离开了，人群中不时有人抱怨办证效率低。一对母女反映，等候两个小时了，连相片都没照上，民警让她们排队照相，可连队伍都没有，咋排？此时旁边的一名男青年说："我已经是第六趟来办身份证了，前几次要么没人值班，要么说系统有问题，光系统有问题就碰到两回，今天又碰到打印机坏了。"

正因为我们亲眼所见——没有排队、杂乱无章、民警态度冷漠，又亲耳听到多位办事群众的抱怨，那么"一张身份证跑了六趟没办成"的说法基本是可信的。同样，我们为了查看社区警务室运行是否正常，多路记者分头暗访了多座城市不同地段的社区警务室，通过实地查看、向群众了解等多角度，发现不少社区警务室存在空壳现象，这样才得出"有的警务室成了'空架子'"的结论。暗访报道虽然在行使媒体舆论监督职能，但因为批评声音直指当事人、当事单位，一旦发出，会给当事者带来不好的后果，因此批评的证据一定要有说服力，切忌以管窥天，发表一孔之见。

记者发出批评声音要慎重，对暗访中发现的"好声音"同样不能轻易作评价。2014 年 4 月，在对大庆警务改革十年进行报道时，我们脱离受访单位，搞了一个随机的街头采访，让群众评价一下大庆的社会治安。开始有两三个人都评价"挺好"并说明原因，如果此时就结束暗访并得出"群众对大庆社会治安满意"的结论，明显没有说服力。我们一连采访了十几位不同年龄、不同身份的群众，有保安、有门面店老板、有广场上的推销员，除了一位受访者给出了"治安一般"的评价外，其他全部表示"很好"。更令人惊讶的是，有七成受访者说出了时任大庆市公安局局长曹力伟的名字，连一对收废品的中年夫妇都能脱口而出。一位退休老人谈起大庆警务改革，还知道撤销派出所、成立分局、提倡"全能警察"，说得头头是道。要知道，对于普通群众来说，能知道这些，表明公安机关的工作确实做到位了。再加上有关部门提供的民意测评结果和报警回访统计，至此，我们可以放心地得出“大庆警务改革十年，群众是满意的”这样的结论。

当然，对暗访中发现的所有素材，记者并非都要“小心求证”，在亲眼所见的行为和亲耳所听的声音里，有些看似是“偶遇”，却蕴含着一定的必然因素。在暗访基层公安机关“四风”问题时，除个别民警有冷硬横推的态度外，大部分民警表现还是中规中矩的。但我们也发现了一个“亮点”。某地一派出所的女户籍民警，看到我们走进房间，她先是站了起来，笑着向我们打招呼。听闻我们的业务需求后，她非常耐心地给予了讲解，还递过来一张填写模板。当我们离开时，她又笑着道别。这样的暖心之举，在我们整个暗访中是唯一一次碰到。尽管我不认识这位民警，也不了解她平时的工作表现、工作业绩，但是我相信，看似“偶遇”的贴心并非偶然，其背后一定有她在工作态度上的一贯坚持。对这样的素材，可以放心使用。

合法合理采用，做好证据固定

暗访报道只是新闻调查的一种手段，记者应慎用这一采访形式，防止滥用。对于暗访报道，尤其在暗访手段、方法的选择上，记者应谨记，不能违反法律法规，不能突破道德底线，不能有违新闻伦理。在这里，我最深的一点体会是——不能报假警。

报假警，本身违反治安管理处罚法。尽管记者是为了测试民警的接处警速度和态度，但我认为这种行为，属于滥用新闻采访权，暗访中应杜绝使用。从暗访对象的角度来说，基层民警工作十分辛苦，日常的正常接处警工作任务都十分艰巨，我们怎么能无中生有给民警增加负担呢？同时，这种报假警行为，也是在侵占归属于真实警情的警务资源。记者应该积极发现线索，通过寻找真实警情，测试民警的接处警情况。

记者暗访报道中还应做好证据固定工作，这既能体现报道内容的真实性、可靠性，以便有据可查，一旦报道引起争议，证据本身也是对记者的最好保护。证据固定要细致确凿，不能模棱两可。比如，对暗访中发现民警工作作风不力的，需要偷偷记录下民警的警号，通过公示栏查清民警的姓名，报道中未必“点名道姓”，但每一个被点名的行为，都要保证能查到证据记录。在有条件的情况下，尽量对有效证据进行拍照，必要时还要录音、录像，做到有备无患。

（作者系人民公安报社《公安内参》编辑部编辑）

经验型深度报道的路径选择

郑宗昌

经验型深度报道是《公安内参》调研文章的一种主要类型。只有将其写深写透，出彩并具操作性，才能使各地先进经验得到有效推广、为领导决策提供的参考更具价值。近年来，笔者在经验型深度报道方面有一些具体实践，推出了《武汉市公安局警务机制改革探访》《探寻武汉公安“互联网 +”思维下的三微四实工作》《天津公安创新驱动破解难题调查》《中等城市社会治理的“宝鸡模式”探寻》等一系列反响较好的作品，现就一些切身体会与大家分享。

题材选择：时代需要 + 效果良好 + 可操作性

我们的时代是改革创新的时代，从全国层面来看，既有高屋建瓴、把握航向的顶层设计，也有各地先行先试、勇于探索的成果。近年来，各地公安机关在公安体制机制改革上的探索创新数不胜数，如何从中选择典型进行深度采访、深度挖掘也是困扰我们的课题之一。如果选择不当，既影响我们的工作效率，也会误导读者。我想，在选择经验型深度报道题材时应该有以下几个标准：

第一，该经验必须符合社会发展的潮流，具有解决实际问题的当代价值。比如，武汉市公安局的“三微四实工作”，就是在全国公安机关大力推进基础信息化建设的大背景下，为解决普遍存在的基础信息不细不实问题，运用“互联网 +”思维实施的“三微”

社区警务（采集微信息、搭建微平台、实行微服务）和“四实”微管理工程（实有人口、实有房屋、实有单位、实有组织）。而天津公安创新驱动破解难题，则有其反腐倡廉、从严治党的时代背景。2014年7月，天津市公安局新一届领导班子上任伊始，就面临着前任公安局局长武长顺腐败案件的负面影响。这种负面影响既有对内部队伍士气的挫伤，也有对天津公安整体形象的损害。天津公安坚持民意引领、问题导向，扎实推进体制机制改革创新，内提士气，外树形象，营造良好的政治生态，重新赢得了群众的理解和支持。党的十八大以来，随着反腐力度的加大，不少地方存在着“一把手”落马的情况，对此如何面对，天津的经验具有普遍推广价值。

第二，该经验必须具有良好的社会效果，这种效果既有显见的工作绩效，也有民警精神层面激发出的内在能量。比如，武汉市公安局于2012年进行的派出所警务机制改革，以及大部制、巡警下区、特警驻区、建立街面警务综合服务站等配套改革，制定了社区民警工作系列标准，降压减负、提高待遇，解除了他们的后顾之忧。社区民警不但知道该干什么、怎样干，而且乐意、安心、自觉扎根社区，从而使社会治安防控能力大幅提高，破案打击效能“倍增”。

第三，该经验必须符合实际，具有可操作性、现实可能性。武汉市公安局的警务机制改革就具有很强的可操作性。比如，他们陆续推出了警务室建设标准、社区民警工作标准、社区民警工作流程、社区民警考核标准，帮助社区民警找到了定位。社区民警知道了在哪儿干、干什么、怎样干、干得怎样。武汉市公安局的“三微四实工作”也具有很强的可操作性。比如，他们将“人”的身份、静态、轨迹、社会组织等纳入其中，民警就知道了采集哪些微信息；他们搭建微信群和四实系统双平台，民警就知道了如何采集微信息；他们通过内部考核和外部保障双向发力，民警就知道了如何保障微信息采集。

采访选择：决策层面＋执行层面＋反响层面

采访的深入广泛与否是决定经验型深度报道成败的关键。采访越深入越好，收集的材料越广泛越好。采访的层面大体可分为决策层面、执行层面和反响层面。决策层面主要是该经验创造主体单位的主要领导，采访他们可以清楚地了解该经验的创造背景、工作思路。执行层面主要是各基层单位的主要领导和民警，采访他们可以清楚地了解该经验的具体操作过程，增强感性认识。反响层面主要是该经验的受益者——广大基层民警和普通群众，采访他们可以清楚地了解该经验的社会效果以及其真实性。

在采访天津公安经验时，我参加了 5 场座谈会，走访了十几个基层单位和办事窗口，采访了上百人，收集材料十几万字，直接引用了十几位被采访对象的原话，其中既有天津市副市长、公安局局长赵飞，天津市公安局滨海生态城分局指挥处副科长王志爽，也有天津市机关工委常务副书记李绍洪，天津市公安局荣誉监督员、天津歌舞剧院原副院长张建国，案件受害人天津某公司会计高某某等，由此增强了文章的可信度和真实性。为了验证群众对社会治安状况的满意度和对公安工作的总体评价满意度，我在天津的多个场所发放调查问卷 400 份；为现场感受天津公安的“警察故事”讲述会，我专门旁听了天津市机关工委的专场讲述会，当自己和现场观众为警察故事感动而落泪的时候，我对天津经验有了更深的理解。

写作选择：广度＋深度＋温度

在进行深入采访和掌握翔实的材料后，就进入了写作阶段，这个阶段最能考验作者的知识积累和对经验提炼归纳的能力。

我想，一篇好的经验型深度报道应该具备三个特征，即广度、深度和温度。

文章具备广度，就是要让读者全面了解该经验的来龙去脉、具体如何操作、社会效果如何，让读者拿来就可以用。因此在写作时，既要有宏观的把握，也要有微观的描述，还要有大量数据和各类人物的佐证。例如，《探寻武汉公安“互联网+”思维下的三微四实工作》系列报道不但介绍了民警采集哪些微信息、如何采集微信息、如何保障微信息采集，还描述了社区民警推进微信工作的三部曲——建群、护群、扩群，以及对队伍管理、打击防范的思维习惯、方式方法的深刻改变，以《基础信息如何做到又细又实》《民警“朋友圈”因何越扩越大》《公安工作如何做到“无微不至”》三篇文章组成系列报道，使该经验全面立体。

文章具备深度，就是要带着问题在更高层次上思索，在纷繁复杂的材料中梳理出一条主线，动用自己所有的知识积累和创意积累，对材料进行提炼升华。自己必须走心，才能让读者入脑。例如，为了写好武汉市公安局的“三微四实工作”经验，我阅读了大量有关互联网特别是有关微信的文章，从而对该经验有了更深刻的认识。在《探寻武汉公安“互联网+”思维下的三微四实工作》系列报道中的下篇《公安工作如何做到“无微不至”》一文中，将微信在队伍管理、打击防范中的作用，提炼为队伍管理有“情商”、识别诈骗有“防商”、打击犯罪有“智商”，使文章有了厚重感。又如，在《中等城市社会治理的“宝鸡模式”探寻》一文中，我梳理出一个城市的“气质”这个关键词，从而使文章的主题得到了升华。

另外，经验型深度报道容易“板着面孔说话”，给人数字成堆、晦涩专业的印象，因此必须增加文章的温度，以增强其可读性和感染力。例如，《武汉市公安局警务机制改革探访》系列报道中的下篇《社区民警缘何愿意扎根社区》中，我描写了亲眼见到的群众为感冒的社区民警送姜汤的场面，使社区民警愿意扎根社区的内在动力不言自明。又如，我还描写了一位年轻民警在社区找到了自己人生价值的事例，这位年轻民警，原来在机关工作时，由于性格孤僻，不愿与人打交道。到社区后，以警务联勤形式开展工作，与相邻社区民警互为AB岗，学会了同事之间的相互配合，也学到了做群众工作的方法，他自己觉得度过了最快乐的一年。

广度、深度和温度使这些文章增加了亮色，这些经验也收到了较好的反响，有的受到了部领导的批示，有的在全国性会议上得到了推广。《武汉市公安局警务机制改革探访》系列报道被武汉市公安局复印，发放给民警人手一份进行学习；刊登《天津公安创新驱动破解难题调查》系列报道的当期内参被天津市公安局加印4000份，供天津市公安局科所队长以上领导及各级党委、政府领导参阅。

（作者系人民公安报社内参部副主任）

浅探经验性总结性报道之改进

张　飞

所谓经验性总结性报道，是指反映某个地区或某个单位，一个阶段以来的形势或面貌变化、重大成果及意义、工作成绩与经验、存在的问题或教训等的新闻报道，重点关注带有典型性、经验性、综合性的新闻事实。为区别于以具体新闻事件为核心的“事件性新闻”，业内通常用“非事件性新闻”这个专业名词来定义它。作为公安新闻宣传工作者，这类报道形式是我们经常用到的体裁之一。

与事件性新闻“就在那，你去写出来”不同，经验性总结性报道，是“藏在那，靠你去挖出来”。它不具备很强的时效性，不以某个具体的事件为核心，常常是对一种现象的分析、解释，记者要花更多的时间采集材料，进行研磨；同时又由于它没有明显的新闻由头，因而需要记者在日常生活工作中主动地寻找、发现。完成一个经验性总结性报道，就是揭示“人人眼中有，个个笔下无”的潜在新闻的过程，这是记者（通讯员）新闻报道能力的一个跃升过程，具有比较高的职业素养要求。

本文尝试就经验性总结性报道中常见的不足提出改进方法。

坑就在那里，不注意你就掉进去了

对我们公安新闻宣传工作者而言，经验性总结性报道的主要功能在于推广典型经验，用以推动、指导工作。一篇好的经验性总结性报道，要求稿件中既要有概括的观点，又要有具体的做法；同时要交代清楚背景情况（开展工作的缘由），介绍工作做法（工作中是怎么做的），反映前后变化（此项工作带来了哪些变化），最后不能忘记归纳总结（得出了哪些经验）。

最重要的是，还要有可读性！这要求，简直就是有八层楼那么高。也正是因为这些独特而又难以满足的要求，导致写作这类报道很容易掉进以下坑里：

一是直接把工作总结“搬”进稿件中。有多少人在这类稿件中看到过“我局”“我所”“我队”“我单位”等字样？如果这些字面表述还比较粗浅，那么工作总结中一些程式化的表述，如“领导重视”“部门协作”“措施到位”等格式，又在多少人的稿件中再次重现？

二是贪大求全，缺乏针对性。经验性总结性报道一般比其他体裁要长，很容易写成汇报材料，“领导重视”“部门协作”“措施到位”等内容全部“糊”上，面面俱到，因而重点不突出，针对性也不强，让人看起来是套话、官话。也因为贪大求全，从而导致真正具有含金量、具有指导意义的“措施”被淹没其中，让读者无法从中受到启迪。

三是抽象的概述多于具体的描写。干巴的措施描写，空泛的经验概述，没有具体的事例，少见数字佐证，这样的文章不但没有可读性，更没有说服力。经验性总结性报道围绕同一主题，综合若干个新闻事件或现象，紧抓事物发展变化中的阶段性或概貌性、倾向性内容，重点关注带有典型性、经验性、综合性的新闻事实，是关于“面”的报道。但别忘了，事实不是抽象的概念，它由具体人、具体事、具体时间、具体地点、具体经过等因素构成，要求具备形象的现场描写、细节描写等。

四是不新颖。有多少经验性总结性报道，没有新苗头，没有新问题，没有新措施，没有另辟蹊径，没有敏感性，把文中的人名地名一换，就变成了似曾相识的另外一篇报道？“人无我有，人有我新”？对此值得深思。

吸引力和感染力是一道光，美妙需要用心打造

经验性总结性报道是“藏在那，靠你去挖出来”，由于它不具备很强的时效性，时态上是渐进性的，且不以某个具体的事件为核心，需要有相当水平的新闻眼光才能把它的“新闻点”或者“新闻由头”挖掘出来。因此，这类报道写得好看，表达富有吸引力和感染力，显得尤为重要。

那该怎么办？又该如何绕开前文所述的“坑”？笔者根据自己的从业经验，觉得要从对待此类报道的思想认识和写作此类报道的技术储备入手，即“煅心炼体”。

煅心：审慎考察历史和现实

经验性总结性报道注重分析指导，其最重要的价值是要对现实具有启迪作用。在内容上应注重对主题思想的挖掘，需要回答受众对新闻内容产生的“为什么”“怎么办”等更深层次的问题。

在这一点上，以审慎的态度考察历史和现实，在反思中揭示事件和现象的意义非常重要。只有反思，才能对总结性经验性报道中的诸多新闻事实、情况、事件进行思考和质疑，才能更理性、更主动地对待今天、明天的问题。

我们常犯的一种错误或者说不自觉会使用的一种“套路”是：扬今天抑昨天。为了证明今天的好、今天的措施有效，会将昨天贬低，而不是运用发散思维，分析事物之间的联系和矛盾。对此，写稿之时可以时时这么问：是否，现在就灵丹妙药？是否，过去就一无是处？是否，为了彰显现在而一味否定过去？

有一点很重要，那就是：不唯上不唯下，只唯科学只唯实。虽然我们期盼工作永远风调雨顺，但是不可抗拒的事物发展使得新问题总会在前面等着我们。我们写这类报道的责任在于，待再次出现

这种情况，能唯科学唯实，传播真实信息——尽管有时候这样做有风险。

炼体：行文彰显新闻性、故事性

所谓彰显新闻性、故事性，是为了增强报道的吸引力和感染力——文章得有人看才行。说直白点就是要写得人性化一些，使新闻显示出强烈的新鲜感和人情味。

经验性总结性报道虽然是非事件性的，但其往往聚焦的是工作中、社会上的主要矛盾、热点疑难问题，因此新闻特性毋庸置疑。我们要做的，就是用一双慧眼把视线所及之处看得清清楚楚明明白白真真切切，从而把新闻性发掘出来。

彰显新闻性是经验性总结性报道的硬实力，有几个方向可以供参考。

一是以最新变动为由头，引爆新闻性。经验性总结性报道的对象往往已存在多时，所以有时候需要一个进入公众视野、成为热点的时机，把软变硬、把虚变实。

笔者因为工作的原因，曾长期关注欠发达地区的农村社会治安管理，发现其具有“整体稳定、局部波动，隐患颇多、任务繁重”的特点。没有合适的时机，这类选题是很难引人关注的。适时，安徽临泉一名农民在接近 17 年的时间里强奸 116 名留守妇女的案件点燃了媒介，将农村社会日益突出的治安问题一下子摆在了所有人面前。

于是，笔者抓住时机，推出《哪些问题在影响农村社会治安——欠发达地区农村社会治安管理扫描（1）》《农民最闹心的事：涉农侵财——欠发达地区农村社会治安管理扫描（2）》，并配发言论《农村社会治安之危亟需正视》，反响不错。

二是悬念吸引，凸显新闻性。这个很好理解，无需多言。

三是使“非事件”报道“事件”化，显现新闻性。一般来说，通过记者亲历、暗访、问卷调查等形式展现。“记者亲历”等形式采访使非事件性新闻素材，拥有了具体的时间地点和生动的过程，让本来难以具备完整始末的事情随着“亲历”而显现新闻性。

突出故事性，需要在写人物上下功夫

在此介绍一种特别的写法——华尔街日报体。即将报道已经或可能影响到的普通人引入新闻，通过讲述此人生活发生的变化，使读者因关注人物的命运不知不觉地被带入新闻主题，从而增加了新闻的人情味和贴近性。

其操作步骤是：首先，以一个最典型的人物开头（或者是一个典型的场景，或者是典型人物的一句直接引语），这个典型人物，需要精心挑选，这个人物的经历或者看法，应该是最好的一个例子。其次，进一步说明这个人物的身份，然后很自然地说明背景，这个背景应该是常规写法中的导语部分，也就是借交代背景交代清楚新闻要素。最后，结合背景进一步对这个人物进行深化，阐释新闻主题，或者提供另一个例子增强说服力。

（作者系中国警察网新媒体中心主任）

新闻记者的“基层”在哪儿

莫 嫚

近几年来，我参与的采访虽不多，但是每次得知报社组织到基层采访的工作部署，我总是第一个举手报名。从2012年“走近禁毒一线”孤身闯云南，到2016年跟着“纪念红军长征胜利80周年”采访小分队深入四川省宝兴县，翻越红军长征中的第一座雪山——夹金山，几年来多次深入基层采访的经历让我终身难忘。每到基层，虽然很辛苦，但总能得到心灵的震撼和意想不到的收获，基层仿佛有着巨大的魔力，能够激发记者采访和写作的热情。基层总是充满着有血有肉的故事，等待善于发现的眼睛。

在新闻圈中有这么一句话：“活鱼总是在最基层。”而记者都对鲜活的新闻情有独钟，也许这就是为什么基层那么吸引人的原因吧。

然而，每次托着疲惫的身子从基层回来。我总会问自己，记者的基层在哪里？是不是只有田间地头、山野乡村才算基层？是不是只有到了荒无人烟、条件艰苦的地方，才算基层？我们身边没有“基层”吗？我想这也许不只是一个关于“空间”的问题，更是一个关于“发现”的问题。

基层在最贴近人民群众的地方

我常常想，我们为什么要到基层去，基层为什么有“活鱼”，是谁在创造着这些鲜活的故事？基层与非基层评判的标准究竟是什么？

带着这些问题，2016 年 9 月，我随报社的“纪念红军长征 80 周年”采访团队来到了四川省宝兴县。对我而言，这是一次并不轻松的采访。之所以并不轻松不是因为路途遥远，条件艰苦，而是在出发之前，我对采访的对象和内容几乎一无所知。

带着一颗忐忑的心，我来到了宝兴县硗碛乡。踏上这片土地后，我发现不安是多余的。80% 的硗碛乡居民是藏民，因为是少数民族聚集区，这里的警民故事格外鲜活与丰富，比如硗碛乡派出所所长孙鹏给我讲的一杯“白开水”的故事。

孙鹏说，他到藏族老百姓家走访，因为天热路险，当他走进一户藏族大妈家中时，大妈主动说要给他拿杯“白开水”。孙鹏没多想就答应了，谁知大妈进了厨房好久都没出来，正当孙鹏奇怪的时候，藏族大妈端着刚出锅的一大碗荷包蛋和馍馍回来了，说什么都要塞到孙鹏手里。

然而，这不仅仅只是个故事而已，采访当天，我们跟随民警入户走访，竟然真的尝到了这一杯温情的“白开水”，体会到了藏族老百姓和派出所民警之间真挚的感情。

我被这样温暖而真实的故事震撼着、感动着。这样的故事从不曾出现在任何一部电视剧里，也没有出现在任何一本书中，而是发生在真真切切的生活中，发生在人民群众与民警的交往中。

基层之所以是基层，因为他没有“套路”可言。不同的人民百姓，有不同的性格，需要民警采取不同的工作方式。这样的警民故事，包括民警做群众工作的方式、经验、教训，只有走进基层，走入故事发生的现场亲身体验，才能获得到丰富的素材和闪光的细节。

孙鹏还给我讲述了一个真实的故事。前两年缉枪治爆的时候，为了让藏民主动上交枪支，他们想了很多办法，然而最好用的不是和他们讲法律、讲政策，而是把他们当朋友、亲人。孙鹏说，硗碛乡的藏民性格耿直，如果只跟他们讲法律，他们并不信服，但是跟他们交心交朋友，去家里坐坐，和他们喝两杯酒，他们就开心了，就会主动把枪送到派出所。

一直以来，贴近实际、贴近生活、贴近群众，都是新闻记者必须遵循的工作原则。在这次采访中，我更深刻地理解了这种“贴近”。唯有走到人民群众当中去，才能真切感受他们生产生活中的喜怒哀乐，才能将这些鲜活的细节呈现到新闻报道中。

基层在公安工作的最前沿

最近有一部电影火爆荧屏，那就是《湄公河行动》。然而，对于身处禁毒一线的警察而言，那些电影里的枪林弹雨、险象环生并不见得比现实生活中的更精彩。

对于一名从事公安新闻报道的记者而言，我们的任务是要反映真实的公安工作，反映民警火热的公安生活，这就需要我们深入到公安工作最前沿，随警作战，全面了解民警的所作所为所思所想，掌握公安工作的第一手材料，而不是道听途说，更不是从公文和简报中摘抄和复制。

2012 年 6 月，报社组织“走进禁毒一线”系列采访报道活动，我主动请缨前往云南。我知道，没有去过云南，就无从了解中国的禁毒形势与基层禁毒工作的艰辛。我必须到缉毒形势最严峻的一线去。

在云南，我辗转昆明、景洪、西双版纳、大理、曲靖等多个城市采访，到木康边防检查站和边防警察一起查毒，走进开远雨露社区和戒毒人员面对面聊天，在中缅边境了解替代种植情况，也曾乘坐大巴从瑞丽沿着中缅边境唯一一条国道——320 国道一路向北，一路上遇到三次荷枪实弹的边防检查。那次采访让我第一次全方位看到了中国禁毒工作的真实状况，深刻体会到了那些“负重前行”的缉毒民警的艰辛与坚守。

在木康边检站，我跟随边防民警查验过往的大巴车，看他们拆开大巴车的顶灯，敲打床与床之间连接的圆形铁栏，爬上车顶和车底，甚至对车上的灭火器一一检查，细致程度远远超出我的想象。当我问他们检查的标准是什么的时候，民警告诉我："任何一个存在的空间和可以创造空间的地方都需要检查。"

当我亲自登上大巴体验查缉毒品，深深体会到缉毒民警对"空间"的执着。而这就是一线公安工作原本的面貌，也是基层给予我的最鲜活、最真实的新闻素材。

在云南开远市的雨露社区，我与戒毒人员面对面对话。他们中有十几岁的少女，有曾经家财万贯的老板，有已经被毒品伤害到残疾的男子。他们给我讲述自己吸毒、戒毒几次甚至几十次复吸的经历。让我印象深刻的是一个男孩，他告诉我，他曾强戒过好几次，可刚出戒毒所的大门看到地上的烟头，心瘾就犯了，忍不住拿起来吸。我惊讶于他的坦诚，也第一次感受到什么是毒瘾易戒、心瘾难除。看见他们手上被针孔扎过的伤口、淤青，一次又一次受到震撼。

我们为什么要坚持不懈地抓禁毒工作，开展禁毒人民战争？为什么要投入大量的人力、物力、资金建设雨露社区，探索禁毒工作新模式？只有来到这里，你才能真正理解。

戒毒人员可能患有艾滋、肝病等传染病，他们的大脑、身体在毒瘾发作时并不受自己控制。这里的民警每天和戒毒人员打交道，危险时刻伴随。为了帮扶戒毒人员，他们一次次尝试，失败，再尝试，一种模式不行，再寻找另一种戒毒模式。在与毒品的长期斗争中，民警的智慧、爱心、毅力、对工作的热忱得到最淋漓尽致的展现。

抛下冗长的总结材料，不满足于办公室里面对面的介绍，与民警一起出发，肩并肩工作、心贴心感受，民警真实的工作就是新闻的富矿，公安工作的最前沿就是记者的"基层"。

要有一双善于发现“基层”的眼睛

要多写新闻写好新闻，就得多到基层中去。但是，“走基层”除了用腿走，还要求记者拥有一双善于发现的眼睛，善于从身边发生的故事中发现新闻。心系百姓疾苦和公安工作，就可能随时随地发现新闻线索，并采写出鲜活的新闻报道。

就公安工作而言，地域不同，服务对象不同，就会产生不同的工作方法。藏区有藏区的故事，北京有北京的故事，每一个地区的民警都有自己的故事，处处留心皆学问，时时用心出新闻。而记者能否从别人司空见惯的故事中发现新闻，就在于是否拥有一双敏锐的眼睛。

我先后参加过三届全国“两会”采访。每年“两会”，报社都会派记者到代表驻地和人民大会堂去采访。报道“两会”的安保工作时，我们是否走近过这些坚守在人民大会堂外执勤的民警？他们天不亮便赶到指定地点，直到最后一个人从人民大会堂走出来。这些默默坚守的身影不也是很有温度的吗？

每天上下班途中，在地铁奔流不息的人群中，我们是否关注了守卫地铁安全的民警和警犬？当我们为《湄公河行动》中逝去的警犬啸天哀伤，是否也可以关注一下守卫在我们身边的“啸天”呢？他们同样战斗在公安工作的最前沿，每天高效率地查获违禁品，其背后又经历了怎样的训练？

“走基层”不仅仅是靠两条腿，还需要一颗热爱新闻事业的心，更需要一双善于发现新闻的眼睛。当我们拥有一颗博爱的心，一双敏锐的眼，或远或近，基层都在我们身边，新闻都在我们手上。

（作者系中国警察网新闻中心副主任）

“基层”在我们内心深处

冯　锐

新闻记者的“基层”在哪儿？这是一个涉及新闻工作者工作质量、工作效果、工作前途的根基性问题。身为一名公安新闻工作者，本质上来说是一名公安调研工作者，决定了我们所需的专业性和强于公安机关一般调研工作者的敏锐性。

根基决定上层建筑，对于一名公安新闻工作者来说，找不准自己的根在哪里，就不会有精彩的“建筑作品”。对此，有一种说法是，“脚上沾满多少泥土，心中就沉淀多少真情”。但是，我们经常见到的情况是：脚上沾满了泥土，却见不到动人动情的文字。那么问题又出在哪里呢？

纵观一代代公安新闻工作者和公安调研工作者之中的佼佼者，他们的诸多经典文章每每读来总是回味无穷。他们有一个共同点：质朴的真挚情怀和特殊的人格魅力。若是围绕“根基”二字穷追不舍，一定会追到他们每个人的内心深处。所以，新闻工作者真正的“基层”从来不在远方，而存在于新闻工作者的良知与内心深处，也就是眼下流行的“初心”。

拥有真挚的情怀才会忘情刻苦，脚上才会沾满有质量的“泥土”，进而与警营的一流经验同频共振

公安队伍和公安工作是新闻素材的富矿，不光有先进人物事迹，还有各种工作经验。这些事迹和经验，都历尽诸多艰辛；愈是

精深的经验，付出的艰辛愈是深刻。作为挖掘经验的新闻工作者和公安调研工作者，需要以足够真挚的情怀去理解那一份艰辛，并以令采访主体信赖的姿态呈现。

公安机关的采访对象大多有一个共同特点，愈是质真价实、异于常人的采访对象，愈是不喜欢表达，不善于表达，甚至不愿意表达，他们面对采访多以躲闪、规避为主，这与其踏实、厚重、谦卑的人格底蕴有着密切关系。近年来，笔者采访排爆英雄、二级英模于尚清，原大庆市公安局局长曹力伟，现黑龙江省垦区公安局局长徐连斌等人物时，在最初阶段都遇到了这样的问题。对方做了很多工作，创造了诸多优秀经验，但由于其谦虚务实，加之公务繁忙无暇应对媒体，确实很考验采访记者的耐心和工作方法。面对这种“被动式”采访，的确需要采访记者做一番功课，而其中最有效的就是用良好的真挚情怀和忘情刻苦的工作状态感动采访对象，让对方感觉到彼此是一路人，这样才会令其打开心扉，道出真经。

大庆公安扁平化改革十年来，笔者从头至尾跟随报道，并确定了“用大庆公安精神写大庆公安工作”的座右铭。面对各项改革的优劣得失，实事求是秉笔直书。经过全身心的投入和数不清的夜以继日，最终赢得了采访对象的信任。大庆公安诸多单位从一开始被动应对，转变为后来主动提供素材，从而创造了大庆公安宣传的战略性提升。

有了真挚情怀才会忘我刻苦，脚上才会沾满有质量的“泥土”，记者才能与采访对象取得无间信任，才能抓到“干货”。

拥有真挚的情怀才会有清晰的鉴别力，才会提高采访工作质量，去伪存真提升稿件说服力

诚然，公安内部也有部分群体格外喜欢“宣传”和自我推销，虽然表面看起来光鲜靓丽，但其中大多是肤浅的。这类“宣传”以

虚假政绩取悦领导和群众的同时，客观上危害着公安新闻的声誉和传播力。

这样的稿子展现在全国公安民警面前时，面对“人人都是老中医”的局面，大家嘴里不说，心里会失去对新闻宣传的信任。所以，稿子是否漂亮是一回事，广大民警是否认可又是另外一回事。解决了这个问题，就能解决新闻稿件是否真正接地气的问题。

如果记者常年被这样的素材迷惑和裹挟，则永远不会形成精品文章，也不会获得采访对象发自心底的尊重，因为对方会觉得记者仅仅是在帮其“吹喇叭”，驾驭记者轻而易举。

脚上如何不沾染这些没有必要的“泥土”？如何去伪存真呢？记者尤其需要以一种真挚情怀去保持清晰鉴别力，这是一种实事求是的情怀，更是面对虚假毫不妥协的情怀。

拥有真挚的情怀才会持久关照“初心”，进而保持一流的表达

公安新闻和公安调研是一项非常辛苦的工作，需要记者不断学习提升，认真研究中央精神和公安部党委、地方党委政府不同时期对基层公安工作的新要求。作为采访主体，尤其需要在理论、理念、文字表达等诸多维度跟上形势发展，打下良好的理论功底。没有真挚的情怀无法承受文字之累，无法保持应有的执着与激情，更不会产生精品稿件。

公安新闻和公安调研要求公安记者不断加强自身修养，不断通过学习、阅读提升各种优质的生活情趣，进而保持健康的情怀，有效抵御工作、生活中的各种负面情绪。文字工作者的“工作”，从来都与“修身”二字密不可分，性情境界的走低，必然会带来“文字战斗力”的衰减，必然会不自觉导致“初心”的沦丧，一流的文字表达也就无从谈起。

内心有了方向，也就拥有了良好的根基，从这里出发走向基

层，必然能够精品频出，也会不断得到各级公安领导和基层民警的认可与鼓励；而这种认可与鼓励又会成为一种激励，进而保持一流的表达。脚上沾满泥土痴情不改，躬身基层乐在其中。

（作者系人民公安报社黑龙江记者站站长）

来自基层的震撼与感动

——公安部疑难命案积案攻坚行动采访见闻与体会

王莉莉

2016 年 3 月至 10 月，我跟随公安部疑难命案积案攻坚工作组辗转七省（区）、途经两万多公里，对久侦不破疑难命案的侦破过程进行深度采访。我深深地感受到，作为一名公安记者，施展抱负的天地在基层一战，我的写作灵感也必然来自于民警共奋战、共甘苦的过程。

老专家的精神能量令人震撼

15 年前，我对公安部特邀刑侦专家崔道植做过一次访谈，印象中他言语不多，基本上都是一问一答。老实说，我对他的性格、爱好和工作业绩了解不深。但是，通过与崔老在公安部刑侦局疑难命案积案攻坚工作组里一起工作，我才发现当年的采访是多么不成功。他的内心世界是那么纯净，他的精神和品质是那么让人敬佩。2016 年见到崔道植时，他已经 83 岁高龄，身体十分消瘦，但接到侦破任务后他丝毫没有推托，立即从黑龙江省哈尔滨市乘飞机、汽车辗转 8 个多小时赶到工作地点。当晚，崔老一直工作到深夜，第二天，他又精神矍铄地出现在案件研究会上。他双眼充血，但仍坚持工作，大家几次劝他休息他都不肯。

在吃午饭的时候，我特意坐到他身边。他对我说：“我的童年是不幸的，父母早逝，但幸运的是党和人民把我养育成人。我现在的愿望只有一个，就是在有生之年多为党、为人民做一些事情，只有这样，我才感到心安，才感到一生没什么遗憾。”他的话句句发自肺腑。崔老十分谦虚好学，总是认真倾听别人的不同意见。他说自己在电脑查询方面是生手，还现场向几位专家请教指纹查询方面的技巧。更令人意想不到的是，崔老还是利用 Photoshop 软件编辑指纹图片的高手，这让很多年轻人都自愧不如。

我深深地震撼于崔老的精神力量，一位高龄老人身上迸发的热情与活力竟远远超过了我们这些后辈。

70 多岁的足迹专家谢志学熬红了眼睛，提出了犯罪嫌疑人在多年中穿着同一双鞋作案的观点。为了证实这个观点，他和另一名足迹专家包呼日查在当地民警的带领下，到出售过此类布鞋的鞋厂，从早上 8 时至下午 5 时，用足足一天的时间埋头寻觅，终于从专门存放残次品的仓库中找到了与现场足迹完全吻合的鞋样。回到案件指挥部，谢老兴奋地说：“鞋样已找到，嫌疑人的身高、鞋码、步态完全可以确定。”

公安部物证鉴定中心副巡视员、法医学专家闵建雄是全世界知名的物证鉴定专家。工作中，他一丝不苟，不管命案现场的道路多么坎坷难行，也不管天气状况多么糟糕，他都一一踏勘，并亲自制作检验报告和整理案情分析相关资料。基层专案民警纷纷说：“听了闵老师的案情分析，不仅对案件的破获更有信心，而且增长了专业知识，使我们眼界大开。”

这样的场景，只有在一线才会有，这样的震撼只有到基层才会有。

民警的敬业尽责精神令人感动

时下，有一些人专爱炒作涉及公安机关的新闻，有的无中生有，有的弄虚作假，有的把个别现象说成普遍存在。作为公安战线的新闻记者，我有义务有责任深入基层，将公安民警爱岗敬业、无私奉献的精神用最真实的笔触、最朴素的语言，以原生态的形式体现在新闻作品中。

大半年来，公安部疑难命案积案攻坚工作组成员一直奔忙在一线，几乎没有休过一个完整的周末。公安部刑侦局副局长刘忠义十分重视现场勘查，他说："案发现场就是犯罪嫌疑人跟我们会面的地方，是给我们留下线索最多的地方，所以我们必须要多去现场。"有一次去勘查现场，他的脚扭伤了，但没有告诉大家，仍按照原定计划出发，忍着疼痛翻山越岭，反反复复查看案发现场及周边环境，行程20多公里。他说："如果我们把所有的方法、技术都用到位了还不能破案，那么就尽最大能力把确凿可信的东西留给接续侦查的同志。"

在山西省绛县采访时，偶然听说一名民警为了破案在研究碑文、大清律。原来在用DNA做家系排查时，民警找到了一个郭姓家族。为了将这个家系中所有男性成员找出来，他找到这家祖坟，对墓碑上的碑文进行研究，最后一直向上追了五代。为了摸清这家人从山西迁到河南的具体原因，他研究大清律，终于找到了依据。他所做的这一切，既没有领导指派，也没有专业人员辅助，完全是自觉自愿地投入到研究之中。可以说，他把工作做到了极致。

我懂得了什么是敬业。敬业就是全身心地投入，想尽一切办法、不惜一切代价完成任务。

不管去现场的山多高路多远、条件多么艰苦，公安部工作组都要一一踏勘，越是顶级专家越是严谨认真。2016年6月底，贵州某地天气湿热，为了保护现场，专家们在案发的居民房里不开空调，戴着帽子、手套、口罩工作，关在屋子里一干就是一整天。这个现场的发案时间是在1998年。18年中，负责现场保护工作的民警从来没有私自进入过现场。现场存有很多贵重物品，至今不差毫厘。

我感动于他们对事业的执著，感动于他们对群众的热爱，感动于他们内心的纯净。职场官场名利场，在他们眼里都不如命案现场重要，更让人牵肠挂肚。他们真正是在用一生做爱国利民的事，并且用一生做好这件事。

在基层，像这样令人感动的事迹很多，像这样令人尊重的民警很多，在他们身边工作，我的心里也扬起鼓鼓的帆，随他们远航，与他们一起完成艰巨的任务。

基层是学习公安业务知识的最佳课堂

只有常下基层，才能更新观念，拓展思路，向专家型记者目标发展。我认为专家型记者不是一个称谓，更不是一个概念，而是一个记者专业素质的体现。近些年来，围绕公安改革、公安刑侦技术的快速发展，基层民警的执法理念、勤务模式、管理方式以及侦查破案手段等都出现了新情况、新变化，作为公安战线的新闻记者和编辑，不仅要知其然，还要知其所以然，要想深入了解队伍发展的动态、科技发展的现状，做内行人，说内行话，就必须要常下基层，跟民警交朋友，向专家学本事。

作为记者，以前常常头疼的是有的基层民警语言表达能力不强，说不出东西来，但深入基层后发现，不是他们说不出来，而是我们问得不到位。只要谈到实战的问题，哪个民警都能滔滔不绝，理论联系实际说上一通。

我在采访中发现，好多技术专家都很热情，他们愿意向记者介绍本专业的发展前景，愿意讲解一些专业知识，也愿意回答记者各种各样的问题。通过他们的讲解，我发现好多新的知识点，也发现好多有价值的新闻点，还发现过去司空见惯的东西其实包含了非常丰富的内容。

有时候跟报社的同事们讨论，大家纷纷表示报社的独家专题报道和系列报道相对不是很多，经历这次采访，我感觉有一部分原因是我们对公安业务的了解和研究还不够深入，缺乏专家型的思维和视角，不能及时发现问题、深入分析问题，因此在新闻题材的捕捉、新闻角度的选取上缺乏敏锐性。报社的专家型记者越多，报纸的专业程度越高，在公安新闻报道领域就越有权威性，也越能让更多的群众了解公安工作、理解公安民警。

到基层采访确实会比较艰辛，会遇到各种各样的困难和干扰。然而，比起那些终日征战在一线的民警，我们工作和生活的环境不知要优越多少倍。当前，社会正处在思想大活跃、观念大碰撞、文化大交融的时代，作为一名党的新闻工作者，如果没有坚定的理想信念，没有良好的政治素养，没有同群众血肉相连的感情，没有在基层、在一线工作的经历，新闻作品也只能停留在文字堆砌的低层次。只有当每一个文字都被赋予精神之翼、思想之火、血肉之情，整篇文章才能成为触动人、感染人的灵魂之作。

（作者系人民公安报社专题部编辑）

没有不能抵达的采访

——回顾与大毒枭刘招华面对面

胡　玥

引　言

1999 年 7 月 28 日，云南省公安机关获悉境外大毒枭谭晓林准备向我国贩毒的线索后，公安机关遂立案侦查代号“7·28”制贩毒案。此案牵出刘招华制贩冰毒集团。

1999 年 11 月 4 日，广东省公安机关在广州市某仓库查获谭晓林贩毒集团由缅甸发到广东的第三批 109 千克海洛因时，同时查获了刘招华存放于仓库内的 554 箱、计 11.08 吨冰毒（加上后来在其他地方查获的，共计 12.36 吨冰毒）。刘招华及其制贩毒集团骨干成员陈炳锡、张启生等闻讯后潜逃。此后，广东、福建、云南等省公安机关相继开展了长期艰辛的追捕工作。公安部禁毒局通过国际禁毒合作渠道向相关国家提出了协助请求。

2001 年 4 月 23 日，缅甸警方向我国云南省公安机关移交了谭晓林。

2002 年 6 月 27 日，泰国移民总局向我国广东省公安机关移交了张启生；

2003 年 11 月 4 日，泰国警方向我国广东省公安机关移交了陈炳锡。

2005年3月5日凌晨，福建警方经过精心部署，在福建省福安市街尾27号一举抓获大毒枭刘招华。这一天，正是公安部在全国公开悬赏通缉刘招华的第100天！

从“7·28”特大制贩毒案的立案到刘招华落网，侦查和追逃工作前后转战十余省，历时5年多，彻底摧毁了以谭晓林和刘招华、陈炳锡为首的特大跨境制贩毒集团，抓获犯罪嫌疑人30余名，缴获海洛因550千克、冰毒12.36吨。该案划上圆满句号！

“7·28”特大制贩毒案的侦破堪称我国禁毒史上的一个经典之作！

即便山穷水尽，也不轻言放弃

2005年3月10日，在刘招华被抓获的第5天，在北京召开的公安部公开悬赏通缉抓获大毒枭刘招华奖金兑现仪式的新闻发布会上，包括央视、新华社等各大媒体的记者纷纷要求采访刘招华……我成为唯一被授权全程采访和报道的记者。在发布会现场的数百名记者的眼里，我的确是那个最幸运的人！

在新闻发布会后，我第一时间飞赴福建、广东，循着刘招华制“冰”罪恶之旅的轨迹，一路探访，实地考察刘招华的各处制“冰”工厂、藏毒仓库，挖掘多年来与刘招华较量的侦查员们惊心动魄的过往，并与刘招华、他的亲人、同伙面对面长时间访谈……在按要求完成新闻采写和报道任务的同时，我还创作了十几万字的长篇纪实文学《女记者与大毒枭刘招华面对面》，该书由中国青年出版社出版发行，当月就进入畅销书排行榜之首，并被百余家报纸杂志转载，创下了2005年报刊转载量之最。2006年11月8日第七个记者节，因这样一次特殊的采访和写作经历，我被《三月风》杂志评为“影响中国”的九大新闻记者之一。

鲜为人知的是，表面看起来令人艳羡的采访之旅，曾经一度陷入绝地。

在我26年记者生涯中，对刘招华的采访是我面临的最困难的一场考验。我刚到福建的时候，对刘招华的审讯进入到一个非常微妙的攻坚阶段，从主审人员的角度，他们不希望有非办案因素的突然介入，因为任何不慎都可能造成刘招华心理的波动从而影响审讯的正常进行。可是，我必须要见到刘招华。我关注这个人已经好久了，他一次又一次地浮出“冰”面，是怎样一次又一次地从“冰”面上滑脱的？他一次又一次地侥幸躲藏，是一个记者亟待为广大读者解开的谜……

在没见到他之前，面对着通缉令上刘招华早年的照片：板寸平头，国字脸，浓眉，一双逼视着人的眼眸里，深藏着太多令人捉摸不透的故事。我沉迷于对刘招华这个人物的各种假设和揣想里……

当我把所有的外围采访都进行完了的时候，我一直担心的事还是发生了，我被告知出于案情的考虑，不得对刘招华本人进行采访……那天夜里天空飘着三月的细雨，我站在福建省看守所那扇大铁门处，感觉夜雨的湿气和阴冷更厚了一层。

阴雨连绵不绝地下着。我离大毒枭刘招华就隔着一道铁门，难道就这样打道回府了吗？先于我到达的许多记者陆陆续续离开了，有几位同行把要问刘招华的问题列了单子交给我，寄希望于我见到刘招华时替他们做一下采访。所有守候和打探的记者们都四散而去了，只有我一个人在缉毒支队和看守所之间来回交涉，做着前景渺茫的努力。

我找到办案的民警阿光，阿光说刘招华情绪很不稳定，极不配合，这个时候我们谁也不敢做主让你见他。我找到福建省公安厅缉毒总队的领导，我说相信我，我不仅仅是一名记者，我还是一名警察，我会把握采访时该说什么不该说什么。我跟他说，我在电视台做过多年的公安法制节目主持人，面见过许许多多的死刑犯……

可是，他们不待我说完，就跟我说，刘招华不同于你从前采访过的任何一个人。我知道我的采访陷入绝地。我不死心，我给授予我独家采访权的公安部禁毒局打电话求助。可他们听我说完原委，也无能为力地说，只能听办案民警的，这是没办法的事。

我在绝望的境地里仍然鼓足勇气尝试做了最后一个努力。我是A型血，金牛座，它们加在一起，让我拥有倔强到十头牛都无法动摇的意志和信念。我甚至窃想，在新闻采访这个行当里，不妨多招一些A型血的牛牛们，他或她们，一定会勇往直前，排除万难，无往而不胜。

我翻遍了我随身携带的通信本和手机里的电话号码，寻找一切可以帮助我实现心愿的“社会关系”。也许，如果不是为了这场采访，我决不轻易给别人添麻烦。我打通了朋友的电话，朋友说，等消息吧。

雨一直在下，但，我等来了好消息。我坚持的最终结果是终于能够面对面采访刘招华了！多年以来，我其实一直想对帮助我完成了这个不可能完成的采访任务的朋友说声谢谢。

最后是阿光通知我的，他说，胡记者，我们已经很敬业了，但真没想到你更敬业！

面对如此顽凶，只有从“投其所好”打开入口

作为刘招华的主审侦查员，阿光有着局外人更难体谅的压力和担心，所以我理解他不让记者介入的思虑。然而，私下里，我和阿光已然成为很好的朋友。去面见大毒枭刘招华那天，阿光反复跟我说，胡记者，你不要穿红色或是鲜艳的衣服，头发也不要有过多的装饰，越平常越好。我是理解阿光的用心的，因为审讯正在攻坚过程中，要让刘招华保持平稳的情绪和平静的心态。刘招华是一个极其敏感的人，一句话不对付都可能翻脸。我不敢有丝毫的马虎，一身黑衣服，连妆容都保持素净。在看守所大门口见到阿光时，他会心一笑，我知道我的装束过关了。

无数次回首仍记得那天的情景：特审室房门朝东开，南北各开着一道门。我随主审侦查员阿光从北边的那道门进到屋里。阿光指着另一道门说，刘招华一会儿就从那扇门进来！

我坐在特审室西侧的那把椅子上，目光一直盯着东南边的那扇门……对面的一把木制的圆圈椅显得厚重而又敦实。在目光盯视的那片空空的迷离里，那椅子极像是一个平躺着的句号！

当我与刘招华面对面的时候，我发现，他不同于我以往采访的任何一个人。这不仅仅因为他曾经当过武警、法警，熟知警察审讯的思路和思维，更多的是他性格里的一种虚荣和傲慢，自视自己是智慧过人的“高人”。阿光他们第一次审讯他时，他就对警察不屑一顾地说，你们别跟我玩智商，要论玩智商，你们加起来也玩不过我……他甚至对主审阿光说，你有四十多岁了吧？阿光才三十多。阿光说我看上去有那么老吗？刘招华就说，不瞒你说我看你的面相你顶多活到四十四岁，而且你阿光不是出车祸死就是暴死，最好的结局也是壮烈牺牲当个烈士什么的……

面对这样的一个采访对手，我必须小心谨慎。所以我一直默不作声地审视他，以便找到让他跟我聊起来的最佳的入口。

在阿光向刘招华介绍我的身份时，阿光有意避开了我的记者身份，说刘招华我来向你介绍一下，这是公安部的“胡处长”……我看见了刘招华嘴角一丝窃笑。他打量了我一眼，笑着问，是公安部哪个处的？我没有想到他的先行发问。如果我骗他说我是公安部哪个处的，那么，接下来他肯定不会配合我的采访，因为于刘招华来说，他已洞穿了阿光的话是个谎言，我若仍将谎言坚持下去，他会觉得我们在愚弄他，那是他最恼火的也是最伤他自尊心的。所以我心想，我不能选择骗他，那样后面的采访全泡汤了。可是，刘招华的这一发问其实是一种发难，我不能轻易连招儿都不过就向他“缴械”，那样，他若小瞧了我，后面的采访也不会有价值，所以我选择了反问。我说，你猜猜看？

刘招华是乐意在我们面前展示他的智商的，所以我让他猜猜看是想让他满足一下自己爱卖弄智商的虚荣心。果然，刘招华很得意地说，让我猜，公安部禁毒局的领导来过了，省公安厅的领导也来过了，现在再来的就是搞文字报道的记者了！

我说，刘招华，你猜得不错，以你这么高的智商，倘若不做“冰”，咱做点别的，也应该早“功成名就”了！他说，这算你说对了，人家算命的说，我要是在医药学领域里发展，也会成为一个“人物”的……

我对刘招华的采访就是从制冰开始谈起的。“制冰”应该说是刘招华这一生的一场“酷爱”。我的采访完全是“投其所好”，因为像刘招华这样的人，他不会跟你“痛说革命家史”，也不会跟你讲他的成长经历，在他的眼里，制冰是他这一生的巨大“成就”，他乐意大谈特谈。这没有什么，听他说下去，再说下去，然后在他语言的缝隙里寻找你想要的所有东西……

听，必须要真诚听，无论你面对的是一个什么样的人。在你听他述说的时候你必须要真诚。在你跟他聊的时候，你必须表现出你的坦诚，即使你心知他有那么一刻说的是谎言，千万不要揭穿他，给他留够面子，给他留够自尊，采访结束后有的是时间慢慢甄别……

在刘招华被判死刑后，曾陪同我一起采访过刘招华同伙的陈警官打电话告诉我，刘招华跟他说，想再见一下胡记者……我犹疑片刻，然后我跟陈警官说，没有再见的必要了。

2009 年 9 月 15 日上午 10 时许，广州中级人民法院死刑执行室。身穿绿色囚衣的刘招华在一份法律文书上签字后，被押上行刑床。随着一声令下，法警按动行刑开关，药物被缓缓注入刘招华的手臂。这个“发明”了史无前例的制毒方法、制造了数十吨冰毒、自诩在医药学方面“造诣深厚”、从小对化学有着浓厚兴趣的大毒枭，心怀着要让冰毒统治全世界的狂妄、罪恶而又嚣张的野心和梦想，终结于他应得的一针药剂。

又是一年三月天，距离当年与大毒枭刘招华面对面的采访已过去了12个春秋。当我回想采访的那些时日，回想刘招华这个人那多重、矛盾而又极其复杂的人性，我想告诉还想行走在制毒贩毒道上的人，人类和世界是阳光而又向上的，它不容任何人荼毒。

（作者系《人民公安》杂志编辑部编辑）

案例报道中的细节问题

胡 杰

【摘　要】不少案例虽然情节曲折、热热闹闹，但见事不见人，很难给人留下深刻印象，因为这类案例报道缺少人物刻画和细节描写。典型细节决定人物个性，细节的数量决定稿件的质量。采访到了好的细节，也需要精心构思，将其合理地使用在稿件中。

【关键词】案例报道　细节　人物个性

案例报道是我们公安新闻里的传统优势项目。可是，守着一座富矿，能不能挖掘出高品质的矿石，并且把它们加工成社会需要的优质产品，却是摆在我们面前的一个问题。有不少案例写得模式化、公式化，看了前面就知道后面；而有的案例虽然也写得情节曲折、热热闹闹，但见事不见人，看过之后，很难给人留下深刻印象。为什么呢？因为故事好找，“零件”难寻，这类案例报道都缺少细节描写。

作家李准在担任鲁迅文学奖评委的时候，曾提出一个观点：看一个作品写得成功不成功，诀窍就是数细节。一看作品有没有细节，二看有多少细节，三看作品有多少好的细节。我想，对于案例报道，这个观点也同样适用。这里，我就自己二十年来采写案例报道的感受，谈谈对细节的认识。

典型细节决定人物个性

我曾经采访过一个名叫刘天顺的大毒枭。他是 2003 年被捕的，他当时贩卖毒品的数量，打破了新中国成立后陕西省的历史记录。我在写这篇报道时，用了“蝉式人生”四个字作标题。刘天顺 16 岁时因为扒窃被抓，后来竟一气儿坐了三十年牢。他被抓进去的时候是 1972 年；而当他重获自由时，已经是 2002 年。接他的汽车经过西安城运村的时候，刘天顺看见窗外漂亮的建筑，曾经感慨地脱口而出：“我这是到美国了吧！”一个人即使判的是有期徒刑，不也只能判二十年，一个因为扒窃入狱的人，怎么会在里面关了三十年呢？这就和刘天顺的个性有关。刘天顺生性争强好胜，坐牢时，他总是要充当牢头老大。为此，他不惜屡犯监规。他的刑期就是这样一点一点累加到三十年的。这个刘天顺是个智商非常高的人，在劳改场所，不论是下象棋，还是打扑克，他都是常胜冠军，经常赢些毛巾、肥皂之类的奖品。在监室里，他是个受人尊重的“大哥大”。以前有一部纪实风格的电视连续剧《西安大追捕》，说的是西安民警抓捕杀人魔王魏振海的故事。有个魏振海的同案就跟外号叫“耳朵”的刘天顺住一个号室。“老大”要出狱，那个人给外面的朋友捎了话，让朋友开了两辆好车来接刘天顺。那么，刘天顺出狱时穿的是什么衣裳呢？写稿子的时候，我突然发现，采访中我没有问过他这个问题。

犯人对出狱这天穿什么衣裳，是非常重视的。如果有家里人来接，那这个问题就不是问题。因为出去要穿的衣裳，家里人自然会拿来。对于没有家人来接的人，要解决这个问题，就得靠别的狱友帮忙。比如，跟张三换件毛衣，跟李四换条裤子，再跟王五换双皮鞋。总之，犯人都想把自己尽量打扮得跟社会上的人一样，不愿意让人给看扁了。有的人在里面混得不行，别人就不会跟他换；而像刘天顺这样的“大哥大”要出狱，还不是想换什么就换什么嘛！那么，刘天顺出狱这天究竟穿的是什么衣裳呢？

遇上这么个细节，一笔带过当然没关系，编上一句半句话别人也不一定看得出。可是，想来想去，我都觉得不妥。第二天，我专程开车去了一趟市看守所，就为这个细节再次采访刘天顺本人。结果，刘天顺的回答令我十分意外：出狱那天，他穿的是一身劳动布工作服。

劳动布是一种颜色有点像牛仔布、但质地相去甚远的布料，它是专门用来做工作服的。刘天顺为什么要穿这么一身衣裳出狱呢？他的解释是：狗行千里吃屎，狼行千里吃肉。你就是打扮得再漂亮，没本事人家还不是照样看不起你？再说，自己在里面关了这么些年，也不知道外面流行穿什么，与其这样，还不如彻底不打扮。出狱的时候，刘天顺已经46岁了。坐牢的人，比外面人显老。花白的头发，再配上这一身劳动布工作服，让魏振海同案那哥儿们找来的朋友一眼就把他看扁了——江湖上，哪还轮得着这样的人混呀。按程序，人家应该把他拉到一家大些的商店，给他里里外外买上一身行头，把他重新包装一下。可尽管接他的是两辆豪车，人家却把他拉到了康复路，在西安买衣裳最便宜的批发市场给他完成了包装。接下来，人家把他安排在一家小招待所住下，就算完成了任务。

刘天顺的社会关系，差不多也就剩下狱友了。接下来，他找到几个以前出来的狱友，筹了一些钱，然后跑到了中缅边境，从云南的打洛出境，到了缅甸的小勐拉。小勐拉被缅甸政府开辟为旅游区，这里赌场、红灯区都合法化。刘天顺在赌场小试身手，就赢了一些钱。出狱一个月后，他就回到他服过刑的劳改场所，连摆三天酒宴，宴请他熟识的人。接下来，他再回到小勐拉时，已经修炼成了一尊“赌神”。他一千元上台面，一气儿打爆了好几个赌场，曾经一次赢了五百多万，打得那家小赌场都没钱赔他了。后来，刘天顺嫌小勐拉赌场台面太小，转战到澳门接着赌。结果，他在澳门开始大把地输钱。也是因为输红了眼，刘天顺开始涉足贩毒。

在小勐拉，刘天顺认识了一个开饭馆的中国女人，两人开始同居。因为早早坐牢，刘天顺从来没有谈过恋爱。他对那个女人非常痴情。自己掏钱带着女友一家去张家界旅游时，刘天顺还摆着各种与他年龄不相称的姿势拍照留影。后来，再次入狱，刘天顺仍每天拿着女友的照片翻来覆去地看。但是，一个能跑到国外开饭馆的女人，情感经历和刘天顺比起来，就是大师级的。刘天顺这边一出事儿，那个女人马上就人间蒸发，仿佛世间从来不曾有过这个人一样。

所以，“劳动布工作服”这么个细节，对于刻画刘天顺的人物个性就显得十分重要了。

2001 年，西安市公安局阎良分局侦破了一起投毒案。一个叫颜大明的农民因为婚外情，先后投毒杀害了自己的妻子和儿子。对于颜大明杀妻，人们还能理解，但他杀害自己的儿子，就让人觉得不可思议了。因为关中人传统思想特别浓厚，颜大明一儿一女，他怎么会杀了给自己传宗接代的儿子呢？破了案，老刑警出身的分局局长吴喜乐也是百思不得其解。一夜无眠后，一大早，他又带着技术人员去看现场，结果在颜大明家的后院里，发现了一只死鸡。会不会是颜大明试验毒药，把鸡毒死了呢？技术人员化验后，得出结论：这只鸡是被活活饿死的。一个农民，怎么会让一只鸡在自己家里饿死呢？吴喜乐得出的结论是：这个人对自己的家庭已经选择了放弃。

顺着这样的思路，就会发现另外一些细节：因为情人家的院子坑坑洼洼，颜大明会把自家院子挖得乱七八糟，把土拉去给情人家填坑；情人家没有影碟机，他把自己家的影碟机拿去给情人用，尽管自己的孩子也想看影碟；初春时节，家里窗户上的玻璃碎了，他只是用纸随便一糊，懒得换玻璃，尽管孩子们夜里会很冷。颜大明之所以要毒杀儿子，是因为 8 岁的儿子太聪明，已经窥破了他的奸情。

和刘天顺的“劳动布工作服”一样，写颜大明这起案子，“一只饿死的鸡”就是个关键细节。如果没有这样的关键细节，案例报道一定会逊色不少。

细节的数量决定着稿件的质量

在2011年的追逃行动中，西安警方抓获了一名逃亡20年的命案嫌疑人高选民。报社要求我采写一篇通讯，深度报道这名犯罪嫌疑人这20年是怎样度过的，他的逃亡给他自己和家人造成了怎样的影响。邵清滢副总编用短信给我发来了非常细致的采访要求。为此，我不仅采访了办案的侦查员，到看守所采访了高选民本人，甚至还到他家所在的村子实地查看，采访了高选民的妻子和别的村民。因为采访扎实，我写的通讯《高选民在逃亡的日子里》中细节就特别多。

这篇通讯是这样开头的：

面粉只剩下不到一斤，蔬菜只剩下一根大葱，而取暖的煤也只能维持一天光景。新疆昌吉回族自治州奇台县离中蒙边境只有一百多公里，这里人烟稀少，冬天气温常在零下30多度。以他单薄的衣衫、被褥，他会在房子里冻死的。2011年春节前夕，在逃人员高选民又一次面临绝境。

接下来，我从高选民逃到新疆的第一个冬天写起：

当时，高选民租住在一间楼房下面的地下室，没有生火取暖的炉子。整个冬天，他头顶上的小窗户始终冻着不少于十公分厚的冰。每天夜里，他都得穿着全部衣裳睡觉，身上堆着从工地上捡来的烂棉絮、破棉被。有一次，包工头偶然来到他的住处，吓了一跳，觉得高选民没有被冻死，简直是个奇迹。

这篇通讯第一部分《年关要钱》有1400字，涉及的细节在20处以上。高选民是个文化程度不高的农民，如果任由他自己讲述，就一定会是粗线条的，很多细节都会被他忽略。因此，我的采访就是奔着挖细节去的。说到地下室冬天的冷，我问他有没有生炉子、地下室有没有窗户、窗户上结的冰有多厚。我又问他漫长的冬天怎么打发，他说晚上就是一个人看电视。我就问他电视机花多少钱买的、有没有闭路、能看几个频道。一个人不可能老闷在房间里，那偶尔出去会上哪儿？他说是去小麻将馆。接着问他是不是喜欢赌钱？他说从来不赌，因为没钱。他去麻将馆，原因有两个：一是这里人气旺，他可以排遣孤独感；二是这里的炉火总是生得很旺，他在这儿可以躲避寒冷。追问他的取暖方式时，我还得知他喜欢喝酒。他喝酒目的也有两个：一为御寒，二为忘记烦恼，省得整宿睡不着。顺着"喝酒"这个话题，我问到了他喝的是什么牌子的酒、过去和现在的价钱、是偶尔喝还是天天喝、一次喝多少。被问及长期酗酒给他带来了什么影响，他说，因为长期喝酒，也因为跟人交往少，他的记忆力已经变得越来越差了。

要顺利完成采访，和采访对象的沟通交流十分重要。

2004年春节，一个名叫高德隆的犯罪嫌疑人在西安制造了一起连环爆炸案。他在8个地方投放了12个爆炸装置，其中3个被引爆，炸得房倒屋塌，所幸没有造成人员伤亡。高德隆制造这起爆炸案，是因为6年前他上高中的儿子被一群坏孩子毒打致死。6年来，没人跟他道过歉，而那些当年获刑的未成年人又陆续被放了回来。高德隆一方面心胸狭隘，另一方面却又十分豪爽义气。他以前当过一个单位的小领导，很要面子。和朋友一起吃饭，他哪怕借钱都会抢着买单。在审讯他的过程中，他抽了办案民警的烟。后来，见到女儿，他马上要求女儿买条好烟送给民警。知道他的个性后，我采访他的时候就特别注意在语言上表达出对他的尊重。提到他的妻子时，我的称呼是"嫂子"。就这句"嫂子"，马上让高德隆对我另眼看待。对他的采访最终完成得非常顺利。

到看守所采访在押人员时，我一般都会准备上一两包香烟，为的是和采访对象联络感情。有一次，我采访一个抢劫、强奸犯罪嫌疑人，香烟还让我收获了一个案件的关键细节。这个嫌疑人名叫常云平，曾在部队当过特种兵，一米八几的身高，身手很了得。我采访他时，他坐在一个肥皂箱子上，一根接一根地抽烟，两个多小时抽了十几根烟。谈话中，他曾经突然停顿下来，从我的脚下捡了一根稍长一点的烟头，弹弹烟灰装进自己的口袋。“这东西，到号子里有的是人想要。”他狡黠地一笑。

常云平是山西人。虽然当了强盗，但精明的本色他却没有丢。每次出去作案，他都会在西安租住的房间内做上一大锅饭，吃一半，剩下一半，作案回来再吃。西安的肯德基、麦当劳他都没吃过，嫌贵。跑到一些地方打工，他会把抢来的钱用一个布袋子装好，像腰带一样围在腰间。夏天出汗多，他会在别人午休时一个人跑到房顶上悄悄地晒他的钱。写他的个性特点，我就是从他从地上捡烟头写起的。

并不是所有犯罪嫌疑人都愿意回答记者的提问。比如前面提到的毒杀妻子、儿子的颜大明，我在采访他的过程中，他就自始至终没说过一句话。问到伤心处，他也只是默默地流泪。遇到这种情况，细心的观察就是获取细节的最好办法。比如，我发现颜大明身上穿的是一件手工编织的豆绿色毛衣。这毛衣是妻子给他织的，还是情人给他织的呢？经过调查，我得知毛衣来自他的情人。我留意了这件毛衣，后来发现他就是穿着这件毛衣走上刑场。当然，这样的细节和他为了婚外情毒杀妻儿都是有联系的。

用好细节，讲好故事

话有三说，巧说为妙。采访到了好的细节，需要精心构思，合理地使用到稿件中。仍以《高选民在逃亡的日子里》为例，在第三部分《家人受苦》中，我主要通过对比的方式使用具体细节。第一小节，写的是高选民当年那些同案的情况。

算上高选民，当年那起伤害致死案件涉案人员一共12人，其中8人案发当晚就被抓获，其余在逃3人在此后10年内也陆续到案。如今，这11人都已经放回来，连死缓改判18年徒刑的高金宏也回来了两三年，如今在家含饴弄孙。当年惹下这件麻烦事的高臣娃已经回来了五六年，粮食生意做得挺好，如今盖起了高韩村最漂亮的房子，开上了福特蒙迪欧。而当年也是村里能人之一的高选民，家里却是另一番景象。

这一段里，除了“粮食生意”“高韩村最漂亮的房子”“福特蒙迪欧”之外，其他细节主要是一些数字。这些数字对照的，其实就是高选民逃亡的20年。在文章后面，我详细写了高选民和其家人、特别是他妻子的生活状况。高选民打工辛苦，每天要干十四五个小时的活儿，一个夏天要脱好几层皮，“常常一层皮还没脱完，另一层又开始脱”；而他妻子一个人要承担起养家糊口的全部重任，既要干地里的活儿，又要给别人打工。“像河滩挖泥这样纯爷们儿的体力活儿，她也照干不误”，“为了省钱、省时间，她媳妇常常一个干馒头就是一顿饭”。干活儿累了，高选民还能跑到外面吃一碗拉条子拌面，而他妻子因为很少炒菜，一桶十斤的油能吃一年。高选民还有台旧彩电看，他妻子在家则连照明灯都舍不得开，一年电费支出也就20多元。高选民20年没进过医院，遇到个头痛脑热，都是扛一扛就过去了；而他妻子也同样20年没有看过病。逃亡之前，高选民是村上的能人之一，是村里最早盖起砖瓦房的人家；而20年后，他家成了村里数一数二的贫困户，连他媳妇睡觉的床，都是用砖头支着的。有了这样一些细致的比较，读者就能很感性地认识到，高选民当年犯下命案是十分荒谬的，逃亡的20年更是不值。

这就是“理念人物化、人物故事化、故事细节化”的道理。

我在写一篇女法医冯雪的稿子时，用过4个案例，这些案例中同样使用大量细节。在写冯雪这个人物时，我同样是运用了对比的手法。

冯雪是个个子挺高、体重却只有90斤的柔弱女性，她的形象和她从事的法医工作形成了强烈的反差。我没有着眼她外形上的这种反差，而是主要写她的性格，写她的胆大与胆小。

作为法医，常常要和尸体打交道。我写她的胆大，却没有写尸体。首先，我写她不怕蛇。

那是冯雪刚工作不久的事儿。一次，等驾坡地区发生了一起特大杀人碎尸案。一名歹徒惨无人道地杀害了四名儿童，其中有的儿童被抛尸在荒野的墓穴中。为破获全案，冯雪必须从墓穴中将受害儿童的遗骸挖出来，进行法医鉴定。时值隆冬，寒风彻骨，冯雪二话没说，独自猫腰钻进了三米多深的墓穴，艰难地工作着。时隔几年，尸体已经白骨化，稍稍一碰，就会破碎。打着手电，冯雪小心翼翼地往外抠着，却突然感到脸上凉凉的。原来，一条一米多长的蛇正在她的脸上吐着信子。冯雪没慌，把蛇抖落在地，挥起手中的铁铲，将蛇头斩落下来。提着蛇身出坑时，其他刑警对她报以热烈的掌声。

再写她的胆量，我写她作为法医，不像一般人那样，要看人脸色见风使舵，而是写她敢于说“不”。

有个叫张三的村长，肆意欺负了一个名叫李四的村民，结果李四的儿子动手打了张三。张三已经是区上的人大代表了，名片上乱七八糟的身份也印了一串串，混得已经很有威仪了，怎么能咽下这口气？于是，他开始动用他通天的能量。

李四的儿子已经被逮起来，接下来，就要等法医给张三做出法医鉴定，毕竟要治李四儿子的罪，得有法律依据。可张三特牛，根本不到分局来。迫于上面的压力，冯雪只能按张三的要求，带着实习的学生到张三家里去给他作鉴定。去了，张三人在家，却不让做，牛得气冲霄汉，冯雪白跑一趟。第二次，又让去他家，这次，张三气消了点儿，配合法医作了鉴定。可等结果出来，张三跳得有八丈高，什么粗口都暴了出来。他是当地这样一个有影响力的人物，来头又是这样大，冯雪怎么能连个脑震荡都不给他通融，就弄了个“轻微伤”呢？这次，张三跑到分局大闹了一场。可冯雪却不吃他那一套，做出的结论始终没改过。

第三层写冯雪的胆量，我写了她敢于顶撞她的顶头上司、分局局长。

有一年春天，浐河边发现了一具尸体。天亮后，有路人发现，报了警。冯雪去了，现场解剖，证实此人头顶的洞是被枪打的。综合尸斑、尸僵、尸温和胃内容等特征，冯雪认为此人是在凌晨 4 点左右被害的。从他手上茧子分布情况分析，冯雪得出结论：此人的职业应该是个司机。“凌晨两三点左右，这人还吃过一顿饭。”这次，冯雪的判断遭到质疑：“这三更半夜，谁会在外面走？凌晨两三点，谁又会去吃饭，这不成了笑话？”这话如果出自其他同事之口，不过就是一种探讨。可这次，说这话的，却是她的局长。局长是老刑警出身，一生破过很多有影响力的案子，在全市刑侦口都相当有权威。在自己的分局，他开了口，谁还会有反对意见呢？大家都在随声附和，唯独冯雪直着嗓子嚷嚷开来：“这人凌晨 3 点肯定吃过饭。你们怎么能不相信科学呢？”大家纷纷觉得女法医很不懂事儿。

随后，案子破了。队上的一个小伙子笑逐颜开地推开法医室的门："冯雪，你真神了！你说的一句都没错，这人凌晨两点多真的吃了顿饭。"原来，受害人果真是个出租车司机，负责上夜班，凌晨三点接班。接班前，他感觉饿了，就在一个还没收摊的夜市摊点上吃了顿饭。没想到接班不久，就遭遇了打劫的强盗。

不怕蛇，不怕恶人，甚至不怕自己的顶头上司，那么冯雪怕什么呢？第四层写胆量，我写了冯雪的胆小。

前些年，冯雪还要负责非正常死亡的认定。一天，西京公司的一位处长死在了自己的家中，他的妻子和16岁的女儿哭得泪雨滂沱。处长死前喝过酒，而他的妻子、女儿证实，他的心脏、肝脏都有毛病。派出所、治安科都认为这是起非正常死亡，不是案子，因此只例行公事地叫来了法医冯雪，没叫刑警队其他人。

验尸时，冯雪发现死者颈部虽没有掐痕，颜色却和其他地方不同；再翻开死者的眼睛，查看眼睑结膜，冯雪发现这上面有着针尖细小的出血点。她一下明白，这分明是一起凶杀案。那个时候，手机还没有普及。冯雪只能借用死者家里的电话，通知队里派人来。"我可以用一下电话吗？"冯雪对这母女俩说。这时，她看到了两双惊恐而又凄迷的眼睛。"队长，你来吧！"冯雪在电话里含糊地说。在母女俩警觉的注视下，冯雪感觉到心惊肉跳。"啥事？你说。"队长在电话那头一头雾水。"你——来吧！"冯雪此时竟有如芒在背的感觉，特别是那个花季少女凄婉的眼神，让她不敢正视。作为法医，她不能不站在法律的一边；可作为女人，亲手断送另外两个女人的前程，这又让她的心揪了起来。这个瞬间，她发现自己原来是如此软弱的一个人。

电话那边，队长终于明白了。刑警出手，案子很快真相大白。处长妻子爱跳舞，处长不乐意，俩人感情一直不好。这处长又有酗酒的毛病，每每喝酒回来，就要拿母女俩撒气，劈头盖脸地殴打她们。这天，处长又在打女儿，妻子出来阻挡。激愤之下，母女俩用被子捂住处长的头，直到把他掐死在床上。

这起案子就成了冯雪最难忘的案子之一。母女俩特别是那个女孩子盯着她打电话时的眼神，就像刻在了她的脑海里，任时光怎么冲刷也冲不走印记。

女法医冯雪的报道在《人民公安》杂志、《人民公安报》推出后，默默无闻的她开始受到关注，上了央视《讲述》栏目，并成为《半边天》栏目一年一度推出的八位精彩女性之一。有了广泛的知名度，冯雪顺利地调入西北政法大学工作。现在，她已经是西北政法大学公安学院的副院长、教授。

（作者系人民公安报社陕西记者站记者）

报道中常见法律术语谬误辨析

田　军

在人民公安报社从业30年来，我每天浏览社内外的报纸杂志、新闻网站时，总会发现一些稿件中存在法律术语错用或者使用不规范的现象。我在平时审核稿件、值班签版时，也会及时纠正一些法律术语误用情况。

下面，我对日常报道中最常见的六个法律术语误用情况，依据法理作一个简要辨析。

“案犯”“逃犯”“疑犯”“嫌疑犯”均不是规范术语，应当使用“在逃人员”“犯罪嫌疑人”

在20世纪八九十年代新闻稿件中经常出现“案犯”“逃犯”“疑犯”“嫌疑犯”等，这些似乎成了约定俗成的用法，不光是新闻报道，就连公安机关的公文中也经常使用。

1996年3月17日，第八届全国人民代表大会第四次会议通过了《关于修改〈中华人民共和国刑事诉讼法〉的决定》，自1997年1月1日起施行，其中第12条规定：“未经人民法院依法判决，对任何人都不得确定有罪。”依照该法的立法原意，在人民法院刑事判决生效前，称其为“××犯”确实有先入为主、主观定论之嫌（也就是所谓的“有罪推定”）。因而，有关部门（主要是公检法司的公文、法规、司法解释、部门规章以及新闻主管部门做出的新闻规范等）相继对法律用语予以规范，不再使用上述不规范的用语，规范为“犯罪嫌疑人”“涉案人员”或“在逃人员”。

近年来，这几个词出错率已大幅度降低了，但还是会在稿件中出现，尤其是2011年“清网行动”期间，稿件中大量出现“网上逃犯”字样，我们编辑人员一律将其改为“在逃人员”。

“治安拘留”说法是错误的

案例报道总是能够吸引读者的眼球，新闻媒体通常在“社会新闻”栏目中报道各类违法犯罪事例，经常出现的语句是“×××因违反治安管理处罚法被处以治安拘留××天”。其中的“治安拘留”说法不准确，准确的用语是“行政拘留”。

“治安拘留”这个说法的沿袭由来已久。1957年版《中华人民共和国治安管理处罚条例》第三条和1987年版《中华人民共和国治安管理处罚条例》第六条使用的均是“拘留”二字，或许因其治安管理处罚的属性，且“治安拘留”的叫法通俗易懂，社会上便渐渐接受了这种叫法。现行的《中华人民共和国治安管理处罚法》第十条第一款规定：“治安管理处罚的种类分为：（一）警告；（二）罚款；（三）行政拘留；（四）吊销公安机关发放的许可证。”

由此可见，该条款第三项已明确定义为“行政拘留”，这是一个由行政权力机关依据相关法律做出的强制处罚行为的统称。不光是治安管理处罚法适用行政拘留，还有一些如消防、环保、海关、工商、税务、城市管理等法律中也有行政拘留的规定，因而并不局限于治安管理，因此叫“治安拘留”是不妥当的。同样，在“拘留”前面加上“行政”二字做定语，既区别于刑事拘留，也区别于司法拘留。

另外，《中华人民共和国治安管理处罚法》明确规定，县级以上人民政府公安机关才有权做出行政拘留决定。可是，有些稿件中说“派出所决定对某人行政拘留××天”，这是不对的。虽说绝大多数治安案件是由派出所承办的，但派出所只有处警告和500元以下罚款的执法权限，给予行为人行政拘留处罚时必须报请县以上公安机关批准。遇到这种情况，可以写成“××派出所经报请上级（或者直接说县公安局或分局）批准，决定对某人行政拘留××天”。这样写就没有问题了。

“退赃仪式”“退赃大会”说法为什么不对？

在刑事案件中，赃物是指用非法手段获取的物品，主要指通过盗窃、抢劫、抢夺、诈骗、贪污、受贿、侵占、赌博等手段获取的有形物品、货币等。

按照法律规定，破案过程中“有赃必追、追赃必返”。大多数情况是一案一返，但有时为了彰显打击声势、扩大社会影响，公安机关会适时进行集中返还，于是，往往在返还地点挂起条幅，上面写着“××公安机关退赃仪式（退赃大会）”。而新闻稿件（图片）中也照用不误，实际上并不规范。

“赃物”一词是刑事案件诉讼过程中的专用术语，是针对案件和犯罪嫌疑人而言的；但对于其所有权人来说，这只能叫“失物”，不能叫“赃物”。因此，规范的用语是“返还失物”“退还失物”。

“交待”应写作“交代”

凡涉及嫌疑人供述坦白之类行为时，宜用“交代”一词。我查阅过不少刑事法律法规、司法解释以及公安部部门规章等，发现使用的全是“交代”一词，无疑这得到了法律上唯一性确认，不能用其他同义词来替代。

有人曾与我争辩：从文字含义上说，“交代”与“交待”属同义词，两个词都对。的确，在常规语言环境中两者都是正确的，但用在案件中还是有区别的。刑事法律条文中明确使用的是“交代”一词，那就必须按此书写。举一个相似的例子，有不少人对道路标志“禁止掉头”有意见，认为这是“脑袋掉了”的意思，应当写作“禁止调头”。事实上，在现代汉语中这两个词意思一致，但既然《中华人民共和国道路交通安全法》中使用的是“掉头”二字，那就只能按照法律条文规定来使用了。

“法定代表人”是准确术语，而“法人代表”只是口语

不少稿件中经常出现“法人代表”这个词，我查阅了不少法律法规、司法解释以及法学类教材，均找不到这个词的出处，这也是一个叫顺了的口语，大家一听就明白。实际上，准确法律术语应为“法定代表人”。这个术语，不光在法律法规中出现，日常生活中在团体登记证书、合同书、营业执照上都能看到，因而在口语上用可以，用于书面就不合适了。

由于刑法中有不少条款涉及单位犯罪（如重大生产安全事故、偷逃税款、破坏环境等），需要追究法定代表人的刑事法律责任；在民事法律和行政法律中，也涉及法定代表人的民事或行政责任问题，因而新闻用语必须准确规范。

国际刑警组织的“红色通报”不能称“红色通缉令”

自 2014 年公安机关“猎狐行动”开展以来，有一个词频繁地映入读者眼帘，那就是“红色通缉令”。实际上，这个词说法有误，准确术语叫“红色通报”（可简称为“红通”），英文名为“Red Notice”，这是国际刑警组织成员要求其他成员国协助侦查犯罪时发出的七种颜色国际通报之一，图标为红色，属于最高级别的紧急快速通缉通报，有效期为 5 年，可续期，直至缉拿犯罪嫌疑人归案为止。

我们知道，通缉行动必须依法而行，比如刑事法律中的通缉令人人皆知。可同样是全球范围内的通缉，为什么国际刑警组织不能

用“通缉令”，而只能表述为“通报”呢？这还要从国际刑警组织的性质说起。国际刑警组织成立于1923年，专门调查及打击跨境罪案。截至目前，该组织已有190个成员国。从法理上说，“通缉令”是主权国家依据自己的法律规定在本国区域内对犯罪嫌疑人采取的一种强制措施，同时，“令”字就是“命令”，带有自上而下的强制性意味，下级必须无条件执行。比如“公安部向全国发出A级通缉令”就具有这种效力。而“红色通报”则是各成员国通过国际刑警组织发出的一种协查通报，由于每个成员国之间是平等的，因而它不具有义务强制性。所以，用“红色通缉令”是不妥当的。

总结

上述法律术语出错的根本原因主要有两条：一是稿件作者不熟悉法律术语，二是编辑人员对法律术语的认识确实有待提高。

我多次在报社内部进行新闻业务交流活动，无论是对多年的“熟手”还是对新入职的“生手”（也包括给通讯员讲课），始终强调这样一句话：“作为政法媒体从业人员，最基本的底线是不说外行话。”因而，准确理解并恰当使用公安机关常用法律术语，既是执法规范化的严格要求（公安机关一直在提倡“准确运用法言法语”），同样也是新闻规范化的必然要求。近年来，“提高办报质量、提升新闻素养”一直是人民公安报的努力目标，编辑记者应当熟知会用常用法律用语，从自身做起，从点滴做起，自觉地向新闻规范、法律规范看齐。

（作者系人民公安报社专职编委）

快时代的“慢新闻”如何取胜

王莉莉

每天，不管你是醒着还是睡着，网络里的信息都飞一般地更新着，于是，我们真正懂得了什么叫“海量”。这些海量的信息足以对事件的进展实施同步传播，而在比拼速度的大环境下，真假、虚实、对错的信息亦在网络中齐飞共舞，受众目不暇接，甚至无所适从。

速度快、碎片化、未经证实，这是网络“快新闻”普遍具备的特点。“快新闻”正在承受信用危机，简单的一个“快”字根本无法满足受众的需求。受众迫切地想获取真实可靠的信息，甚至渴望获得超越新闻背后更多的信息，这恰恰是“慢新闻”具备的能力。

这里提到的“慢”也只是相对概念。由于深入的采访需要时间，深刻剖析需要时间，完美呈现需要时间，所以成稿发布略迟于即时性消息也在情理之中。但一篇有真相、有背景、有剖析、有延伸的具有独立思考、独特角度的“慢新闻”，其社会影响力完全可以超越“快新闻”。

真实重于速度

做好“慢新闻”是对记者的专业素质更高层次的要求。记者不仅要具备深厚的采写功底、丰富的知识储备，更重要的是要有深入基层捕捉题材、亲历现场发掘真相的耐心和细心。取得第一手资料后，根据对资料的认真研读、理解，形成相对独到的视角以及缜密细致的分析说理，从而把一个好的新闻素材精心磨制成受众欢迎的新闻精品。

时下，一些媒体记者显得行色匆匆，甚至一边采访一边发布消息，“拼速度”“抢时间”蔚然成风。时效是新闻报道的基本特征，尊重新闻传播的时效，也就是尊重新闻传播规律的表现。然而，新闻的时效必须以真实为前提。新闻传播的功能是通过新闻事实去把握世界及人类生活的本质，所以，新闻写作必须客观真实，这是无论新媒体还是传统媒体都必须信守的基本原则。真实性是新闻最本质的特点，它是新闻独特价值的主要源泉，体现着新闻的基本特征和要求。

片面地追求速度，易导致失实报道，给事件当事人及社会造成不良影响。例如，2013 年 12 月 3 日，某报刊登标题为《扶起摔倒中年女子　外国小伙疑遭讹诈》的图文报道。图片上，一名中国大妈拉住外国小伙，在诉说什么。此消息引发了“万众关注”，指责声讨的利剑指向了中国大妈，甚至有些网友出言不逊。12 月 4 日，该报同一版面刊登了题为《外国男子无照驾驶　斑马线上撞倒行人》的文章，主要内容为：“随着昨晚北京警方公布了调查结果，并同时发布了现场监控录像，一切水落石出。当事的外籍男子确实驾驶摩托车撞人，而且属于无照驾驶，警方表示，对他的交通违法行为将依法处罚。”同日，多家媒体在报道中指出，“外国小伙扶人被讹‘不实’”。

通过这个案例不难看出，“中国大妈”被冤枉了，不仅身受伤，心更伤，虽然很快就被“平反”了，但相信被“千夫所指”的苦涩滋味将会让她及她的家人一生难忘。这样的不实报道也对媒体的公信力产生了冲击和威胁。

真相永远是最珍贵的。撇开“真实”二字，再快的新闻都毫无价值可言。媒体的核心竞争力在于生产优质的内容，而“真实”正是优质内容的第一要素。匆忙“炮制”的新闻，是对受众的不尊重，是对社会的不负责。只有怀着对新闻的敬畏之心扎实深入地采访，不道听途说，不主观臆断，才能呈现事物的真实脉络。

角度胜过时间

“大路货”的新闻未必吸引人。基于事实基础，以独立思考采写有独特角度的“慢新闻”，才能获得受众的欢迎。生活中从来都不缺少新闻话题，缺少的是发现的技能。记者应经常深入基层，善于学习、积累和思考，对事物的发展、变化保持高度的敏锐度。动与静是相对的概念，对新闻记者而言，动是新闻，静也可能是新闻；变是新闻，不变也可能是新闻；“一”是新闻，而由“一”引出的“二”也是新闻。

2011年3月25日，新加坡《海峡时报》网站刊发了《中国大熊猫起名有讲究》一文，这篇报道反映出记者捕捉新闻线索的敏感性，更反映出记者以小见大的新闻视角。由于文章较长，此处节选部分。

日本有“陵陵”，香港有“安安”和“佳佳”，亚特兰大有“伦伦”，而新加坡明年将迎接“凯凯”和“嘉嘉”。给这些大熊猫所起的朗朗上口的名字，反映出它们极为可爱的特点。正如“泪珠”或“黑美人”可能会让人想到马一样，像“姣姣”这样的名字往往会让人联想到正在咀嚼竹子的可爱大熊猫的形象。但为这种受欢迎的生物命名还有更多的考虑：作为中国最出色、最珍贵的和平大使，它们的名字也反映着中国释放的微妙的政治信息。最著名的是中国2008年送给台湾的一对大熊猫“团团”和“圆圆”。它们的名字是中国大陆希望与自治的台湾重新实现统一的标志：“团”“圆”合在一起意为“再次统一”。不出意料，这两个富于政治意味的名字并不怎么受台独派议员的欢迎。而亲北京的马英九政府采纳了“团团”和“圆圆”这两个名字。

在这篇报道中，作者的视角没有局限于“中国借给新加坡大熊猫”这一新闻事件，而是巧妙地选取了“给大熊猫起名”这个角度，并梳理了历年“给大熊猫起名”的旧闻，让整篇文章看起来内容丰富，既轻松又有分量。透过名字看时代变迁、看政策方向，这足以看出作者善于观察和思考，从旧闻中找新闻，从看似寻常的某一事件中发现不寻常的意义，这是新闻职业敏感性的体现。显然，这篇文章的成稿时间略晚于刊发“中国借给新加坡大熊猫”这一事件，却产生了极大的影响力，很多外国媒体纷纷转载就是一个力证。

记者需要具备多向思维，对一件事正面报道不合适，就换个思路，从侧面或反面来思考，则常常会发现不一样的风景，从而最终点石成金，使新闻报道焕发生机与活力。

数据弥补文字

深度报道是典型的“慢新闻”。大数据时代为深度报道的写作开拓了新的思路，提供了新的方式。

就新闻素材而言，大数据时代使新闻记者在短时间内获取海量信息成为可能。数据本身包含丰富的信息价值。因此，在报道中，必要时加入精确的数据信息，让读者透过数字直观地得出更深层的结论，这比单纯的文字报道更为高效。

2014 年 1 月 25 日，中央电视台的一档新闻节目《晚间新闻》与百度联手，第一次运用百度地图的定位功能，并借助大数据的可视化特性对国内春节期间人口迁徙情况进行播报。该节目播出的第二天，内地首个利用大数据报道国内春节期间人口迁徙情况的网站“百度迁徙”正式上线，众多网友能够实时了解全国春运的最新动态，其中包括春运最热路线、热门迁出入城市等。百度 LBS 定位数据，通过分析 5 亿手机网民定位信息，描绘出人群的迁徙轨迹。这些数据有两大技术功能：一是呈现全国迁徙的区域带，二是分析热门线路。它们均是通过对海量数据的专业处理得以完成并展现。

就采访方式而言，深度报道的采访者由单个记者发展到团队或公众。2009 年，英国《卫报》邀请读者一起调查英国议员的消费情况，结果有 2 万多名读者加入了这次调查活动。调查项目启动前，《卫报》竞争对手《每日电讯报》已经事先获得英国议会议员违规消费的内部消息，并进行了很长时间的调查报道。为回应公众不满情绪，英国政府将所有议员 4 年来的花费情况——合计 100 多万份文件通过网络公布出来。这些文件全都是未经整理的数据文档，不要说单个记者，即便是数十人的记者团队，也至少需要一两个月的时间才能核查清楚。《卫报》提出了一个新的思路，专门设计一款软件，让读者参与进来。据统计，在调查项目上线 80 个小时后，就有超过三分之一的文件被审查完毕。利用大数据的功能，《卫报》不仅赢得了时间，更赢得了读者。

运用团队形式进行采访是大数据时代提供给媒体的一种新的采访形式。2013 年 1 月初，我国中东部地区雾霾严重，众多媒体对此进行了报道。人民公安报社特别关注在恶劣气候条件下交警的工作状态，精心策划，组织全国 7 个城市的 13 名记者分别采访，形成了多达 10 万字的采访资料。编辑们在收到全部材料后，连夜进行文字统筹，最终形成了一篇 6000 字的深度报道——《十面“霾”伏中，马路上的交警还好吗?》，于同年 1 月 28 日刊出。此文引发了社会各界的强烈反响，同时引起高层关注，很快，公安部发出通知，允许交警佩戴口罩，并要求各地公安机关配发防护用品。

大数据环境下，记者采写深度报道也要适时转变思路，求新求变。受众的需求也在不断发生新的变化，记者在找准新闻点的同时，还要看到“服务点”，以文字为基础，以数据、图像等为辅助，扩大深度报道的影响力。

（作者系人民公安报社专题部编辑）

无人机应用和公安新闻报道

庄会宁

近两年来，“无人机”似乎越来越多地渗入到我们的生活之中。只要需要空中视角，它的身影便几乎无处不在。在竞争日趋激烈的智能媒体时代，这个拥有独特视角的新型工具，吸引着众多媒体的目光。

华丽亮相凸显三大亮眼优势

2016 年 5 月 19 日，新华社新闻无人机编队天津飞行中队正式成立。这一天，他们交出了用新型工具完成的新闻视频作品——“海河桥韵”，无人机从高空俯拍，记录海河上的“一桥一景”和绚丽多彩的沿河观光带，呈现出“上帝视角”下天津的新风貌。

自 2015 年 6 月 15 日国内第一个无人机新闻项目——新华网新闻无人机编队宣告成立以来，新华社青海、内蒙古、河南等多个分社相继成立飞行中队，以期为国内外受众提供更多权威的“高附加值”全媒体资讯产品。

新华网新闻无人机编队第一次展现其作品实力，应该是在 2015 年 8 月 12 日天津港火灾爆炸事故中。那时距编队宣告成立尚不足两个月。事故发生后，无人机编队跟随国家核防化应急救援队进入爆炸核心区域，拍摄了独家的现场照片。

这次亮相，充分证明了无人机可以突破传统地面拍摄的局限性，具有在条件恶劣的灾害现场开展工作的独特优势，同时与传统的航拍相比，小型多旋翼无人机通过云台携带高清照相机、摄像机，不仅能完成传统航拍多视角大场面图文、视频作品，而且具有不可替代的低成本、机动灵活的特有优势。需要特别指出的是，它可以在危险的环境下替代记者，减少不必要的牺牲。

国内有越来越多的媒体开始认识到无人机在新闻报道中不可忽视的独特价值。2016 年 1 月 4 日，深圳晚报与深圳一电科技有限公司达成合作，组成拥有 10 架无人机的采访队，开辟全新视野下的新闻采访模式，通过强化新闻力量以及丰富新闻现场画面收集，实现报社全媒体资源的全面融合。

而早在 2012 年，重庆晨报就组建了无人机航拍工作室，当年 12 月拍出的作品用于年终报道“鸟瞰重庆”之中。

世界范围内的无人机传媒应用

无人机被运用到传媒行业正成为趋势。此前，美国有线电视台（CNN）与美国联邦航空局（FAA）达成协议，CNN 可派遣无人机进行突发性新闻的报道。消息一出，包括华盛顿邮报在内的十家媒体“眼红”不已。2015 年 1 月 15 日，美联社、纽约时报、华盛顿邮报等 10 家新闻机构在华盛顿宣布，它们将开始测试通过无人机搜集新闻素材、报道新闻。这 10 家新闻机构宣布组成联盟，与弗吉尼亚理工学院暨州立大学合作开展一项测试，通过小型无人机在真实的生活场景中采集新闻视频、图片等素材。

无人机受到青睐不是偶然。正如内布拉斯加大学林肯分校的新闻学教授马特·怀特（Matt Waite）所说，新闻记者面临两大问题：一是观众对网络上独家视频报道需求越来越大，而此类视频所需成本不低；二是从自然灾害到华尔街抗议活动，记者亲临新闻现场都受到限制。这些因素让无人机成为新闻报道的理想选择。

他提到的这两个方面，无疑是这个新型工具受欢迎的最重要因素。

在公安新闻报道中不可或缺

在复杂的犯罪前沿阵地开展前期侦查，锁定犯罪嫌疑人的藏身位置，绘制抓捕线路，对违法犯罪进行精准打击；在大型活动现场空中监控与指挥，有效提高突发情况的反应处置能力；在节假日交通繁忙路段及时、全方位地掌握拥堵、事故状况，指挥路面执勤交警快速疏导拥堵；飞赴无法人工进行实时查探的火灾现场，快速将视频和图片传回指挥中心，为抢险救援工作赢得宝贵时间……当前，无人机正日益频繁地出现在警务工作中。

在警务工作或公安新闻报道中，无人机都已成为不可或缺的工具。典型的例证就是2015年8月12日夜天津港火灾爆炸事故发生后，按照公安部消防局要求，13日凌晨3时53分，北京消防总队调派2架无人机、8名官兵赶赴现场。6时50分，增援力量利用专业无人机绘制出了360度全景图，为现场指挥决策提供了充分依据。同时，事故发生后，人民公安报社记者亲历事故现场，在报道中引用无人机拍摄的爆炸核心区域视频，更加有力地反映了公安机关在事故救援中的英勇付出和无私奉献，引发社交媒体广泛关注。

在某些方面，新闻报道和警务工作具有一定的共同特点，因此，无人机在公安新闻报道中必将发挥其独特的作用。中国警用航空实战应用论坛在北京举办时，组织论坛方、公安部警用航空管理办公室有关负责人介绍，近两年来，警用无人驾驶航空器快速发展，从两年前的50余架增加到了500余架，在打击犯罪、维护治安、疏导交通、禁毒缉私、重大活动安保和抢险救灾等方面发挥了重要作用。可以预见的是，在公安新闻报道中，无人机也将发挥越来越大的作用。

（作者系《人民公安》杂志编辑部副主任）

由突发事件转入典型宣传的突围之路

——烟台莱山沈成磊烈士英雄事迹宣传报道回顾

王永文　李德峰

典型宣传是公安宣传工作的重要内容。如何将一个典型人物要宣传好，确保实、准、像，既不过分，又效果好、影响大，这是宣传部门不懈追求却又常常困惑的问题。其中自然有队伍人才、策划效果、通联协作等基础性因素，但根本问题是人物要"有料"，关键要抓住"机遇"，也就是如何以强烈的新闻敏感，精准把握机遇，倾情系统策划，快速达到良好的宣传效果。特别是在当今所谓的自媒体、全媒体时代，如何从一些特定的突发事件中"拨开迷雾见青天"，使其完成从普通民警到重大典型的蝶变，着实考验着宣传团队的战斗力。

2015 年 5 月 27 日，山东省烟台市公安局莱山分局刑警沈成磊在与犯罪嫌疑人搏斗时身中七刀壮烈牺牲。在这一突发事件中，烟台公安宣传团队最先面对的就是舆情导控，在主动跟进、积极应对过程中，凭着强烈的新闻敏锐嗅觉充分挖掘素材，越挖越深，越做越大，在各级各类媒体发稿上千篇之多，实现了在各类媒体中发稿量最多、上稿层次最高、影响力最广泛的"三个之最"，成为多年来该市公安机关重大典型宣传最具影响力的一例。山东省委书记姜异康，省委常委、政法委书记张江汀等领导在当年 6 月 8 日人民公安报社《动态清样》所刊发的长篇人物通讯《倒下时，他双手仍保持着环抱嫌疑人的姿势》一文的题头上专门批示。

总结与反思对这一典型人物挖掘、宣传的过程，有挑战，也有困惑，但我们迎难而上，力争最好，最终达到了预期目标。

同步介入，导控舆情，勇于在随警作战中完成好“急就章”

突发事件，是指难以预测或未能预测而突然发生的某种客观情况或事件，一般分为自然事件和社会事件。社会性突发事件，“急”是其最典型的特点，易出现舆情是其“惯性”。在新媒体时代，突发事件的舆情导控，对宣传团队来说既是一场突如其来的“遭遇战”，又是一篇需要立等可取的“急就章”。处置水平的高低和社会效果的好坏，不仅关系到涉事单位的形象，甚至影响社会和谐稳定。“5·27”案件发生后，烟台市公安局宣传团队随即启动突发案事件报道预案及舆情引导预案，舆情导控和宣传报道等小组同时分布于多个点，随警深入采集第一手信息素材，将触角延伸到最前沿、最深处。

其一，明晰任务职责，确保快捷协作联动。由于突发事件的“突发性”特征，其往往会在极短的时间内成为社会舆论的热点，这就要求宣传团队的每一位成员必须熟悉突发案事件报道预案及舆情引导预案，掌握其运作流程、职责分工，确保有任务能拉得出、用得好。在这一事件中，宣传团队就是第一批到达现场的，并积极了解事件进展。通过设置记者联络组、新闻发布组、舆情引导组，分工负责，全面展开工作，确保既以我为主，又相互配合，为舆情导控和宣传报道有序推进创造基本条件。明确案情后，在刑警部门集中精力缉凶破案的同时，宣传团队以特有的新闻敏锐嗅觉，一面对事件本身的情况全面精准掌握，着手舆情导控的实施；一面对牺牲民警情况进行全面调查，为典型宣传的开展提供有力保障。

其二，扎实全程跟进，确保全面掌握实情。真实是新闻宣传的生命，新闻的真实来自现场，现场是发生新闻的原点、宣传报道的起点、公众关注的焦点。为了掌握大量丰富、鲜活、翔实的第一手素材，宣传团队在案件处置、事中采访、后续挖掘一整个宣传报道过程中，始终坚持同步跟进、全面参与。通过实地采访、专人专访、集中座谈等形式，拍摄记录现场影像资料，捕捉第一手素材，全面了解和掌握详细情况，将典型置于社会大环境和全市公安工作大局中进行定位，发掘出更平实的细节、更真实的影像、更感人的故事，撰写出的文稿使读者感到可信、可敬、可亲、可学，确保了典型宣传报道接地气、有底气，以达到更好的宣传实效。

其三，及时权威发声，确保准确引导舆论。突发事件的舆情中总能看到谣言的影子。在“5·27”案件发生初期，充斥着或讽刺挖苦、或哗众取宠的谣言，比如“民警无能”“处警不规范”等网络谣言，引起民众误解，产生一定的不良社会影响。对此，公安宣传团队根据舆情发展，通过烟台公安微博、微信和主流网站及时发出权威的声音，并随着采访的不断深入，对宣传内容、宣传重点、宣传范围进行细化，把握宣传力度和分寸，引导媒体及时调整报道重点，以正视听。在集中采访时，积极协调采访相关事宜，为媒体提供新闻线索及素材。同时，公安宣传团队专人负责撰写新闻通稿和重点稿件，在事件发生、发酵、延续的各个节点都及时通过市公安局官方微信、微博发出通稿；在英雄事迹宣传全面推进之时，推出了7000余字的全景式长篇人物通讯《沈成磊：永远在冲锋》和评论《用生命诠释忠诚奉献》；追悼会时撰写新闻消息通稿《我市隆重举行沈成磊烈士追悼大会》和新闻特写《港城泣泪别英雄》等稿件，成为了众多媒体报道时的依据和蓝本，起到了引领舆论的作用。在事件发生一周时间内，公安宣传团队连续组织中央、省市媒体进行3次集中采访，召开新闻发布会期1次、新闻通气会4次，刊发稿件数百篇（条），确保了报道的权威性，占据了报道先机，充分营造了敬英雄、学英雄的浓厚氛围。

拓宽思维，随机应变，力争在舆情转型中把握准“共鸣点”

就突发事件本身而言，其新闻价值是多角度、立体化的。对此，宣传团队首要的职责，就是在舆情引导中寻找与媒体和公众的“共鸣点”，对其进行归纳、组合，使事件所蕴涵的体现真善美的信息得到更快捷、更直观、更生动、更充分的凸现。在对沈成磊先进事迹的宣传中，我们特别关注公众心理，抓住“警察需要榜样、时代需要英雄、人间需要正义”这样一个“共鸣点”，通过加强与党委宣传部门、上级公安机关和新闻媒体的沟通协调，拓展了典型宣传的深度和广度，充分显现了新媒体时代即时化、立体化、规模化的“大宣传”力量。

一是党委宣传部门支持很关键。事件发生后的第三天，在众多媒体展开全面宣传报道的同时，宣传团队建议市局党委起草了《关于对牺牲民警沈成磊同志作为重大典型进行宣传的请示》，上报市委宣传部，并通过市委宣传部向省及以上部门推介宣传。市委宣传部了解详情后特事特办，发挥宣传部沟通协调优势，一方面向驻烟媒体通报对这一典型人物的宣传方案，督导见稿、见影；另一方面积极与山东省委宣传部呈请，争取上级的支持。很快，沈成磊烈士被省委宣传部确定为敬业爱岗、忠诚履职、践行社会主义价值观的全省重大典型，并由省委宣传部、省委政法委特邀 15 家省级以上媒体来烟对沈成磊先进事迹进行采访，把这一典型人物的宣传推向高潮。

二是上级公安机关指导防“跑偏”。上级业务部门站位高、见识多，对做好典型宣传不可缺少，宣传团队对此有充分的认识。在整个的宣传策划中，我们及时将宣传思路、重点、成效等方面的情况向上级公安机关宣传部门专题汇报，听取意见，确保典型宣传方向正确。在上级业务部门的指导下，宣传团队还通过内部造势，自上而下同步开展向先进典型学习的活动，举办先进事迹报告会，充分利用《烟台公安》内部报刊、网站，以及省公安厅、公安部专网和简报、《动态清样》等载体，加强对先进典型的宣传学习，营造全市、全省学习先进、争当先进的良好氛围，为英烈的先进事迹在更大的范围产生影响打下基础。

三是各级媒体协同作战最“给力”。典型宣传离不开媒体，媒体不会拒绝先进典型的新闻。公安宣传团队正是着力于与媒体之间双赢的切入点，实现宣传效果的“更大化”。对于主动上门的记者，我们热情接待，安排记者们有序采访，及时核对相关细节，积极提供新闻通稿；对于有较大影响力的高端媒体，利用各方面力量进行沟通协调，不仅提供详尽的素材，也呈上精雕细琢的通稿，以方便媒体编辑编发；对于新媒体，即时发布相关动态，积极引导舆情。在整个宣传过程中，宣传团队着眼提炼宣传主题、掌握报道节奏，先后确定案发后全城缉捕犯罪嫌疑人、还原烈士壮举、深度采访烈士事迹、举办烈士追悼会等节点，整合运用传统媒体的权威报道、网络媒体的延伸报道、新媒体的快捷报道等特点，为我所用，并积极争取各类媒体版面和时段上的支持，灵活运用消息、通讯、新闻特写、图片报道、广播稿、电视新闻、网络新闻、专题片等各种新闻报道形式，进行全方位、深层次、连续性地宣传报道。

掌控节奏，精心策划，积极在深度挖掘中运作活“三步走”

业界认为，新闻竞争的实质，说到底就是争夺受众。就本事件而言，受众关注度大、新闻价值高，自然成为媒体着力经营的题材。作为宣传团队，既要发挥好媒体的积极作用，又不能迎合媒体而有求必应，而是应对事态发展做出科学分析和预测，树立业界流行的“走一步、看两步、想三步”的宣传理念，据此进行预先策划，准确把握宣传报道的节奏，掌握引导舆论的主动权，从而实现对重大典型宣传效果的最大化。从整个宣传报道的推进过程来划分，我们主要经历了三个阶段。

首先，在舆情爆发期，得力的舆情处置是底线。据一些研究机构研究显示，一条涉警信息在网络上留存5分钟，就可能被转载437次；一件发生在偏僻区域的负面涉警事件，12小时内遍布网络，24小时内影响全国。这组数据足以说明涉警舆情的传播速度。因此，掌握舆情主动权是最低要求，也是最终目标。"5·27"案发生后，公安宣传团队将其作为重大突发案事件组织新闻发布，通过烟台公安官方微博平台首次发声，案发当天及次日，烟台公安微博连续发布两条通报开展舆论引导，避免网上出现不实信息。此后，各类媒体以烟台公安微博统一公布的口径为准，通过声、屏、报、网刊发案件相关报道，及时引导了舆论。在整个案件侦破及后续报道期间，烟台公安微博、微信进行现场发布、即时发布信息20余条。5月28日，公安宣传团队召开"5·27"案新闻发布会，邀请近20家驻烟和当地主流媒体记者到场，向外界公布"5·27"案件详细情况和沈成磊的有关情况，成功在"第一时间"抢占"第一事件定义权"。针对网上出现的辱警言论，公安宣传团队积极回应，收效显著。5月27日，兰州日报编辑赵文在其个人腾讯微博和新浪微博发表不当言论，伤害公安民警及家属的感情，在社会上造成不良影响，引发舆论哗然。为了维护烈士荣誉，消除网上不当言论带来的不良影响，公安宣传团队积极协调烟台市委宣传部及时与兰州市委宣传部取得联系，要求对赵文不当言论的事件进行彻查。同时，通过微博、微信等自媒体及时发文，进一步引导民警用理性的方式表达意见。6月1日，兰州日报社公布了对赵文违规发表不当言论的处理决定。正是对这一节外生枝事件的有效处置，使网上舆情出现了"一边倒"，敬畏英雄、理解警察、同情家属的言论成为主流。值得一提的是，中国名博沙龙主席一清抒情诗《沈成磊，你的名字叫忠诚》，更是赢得众多网友的共鸣。

其次，在全面宣传期，良好的社会影响是根本。在一般意义的突发事件中，完成舆情控制，任务就基本结束，但对由此引发典型人物宣传的事件来说，却只是个开始。这就要求宣传团队要有超前思考、超前策划的能力，要有连续作战、越战越勇的作风，确保典型人物宣传升温迅速，高潮持久，影响深远。对此，宣传团队坚持层层推进的宣传报道原则，快速从民间的舆论场转移到媒体主导的舆论场中来，在连续报道和后续报道中，通过延伸报道半径，掀起数轮宣传热潮，不断扩大典型先进事迹的影响力。从以下时间表中足以了解宣传团队的工作节奏：5 月 28 日 15 时即案发后的 24 小时，召开“5·27”案新闻发布会。5 月 29 日 8 时许即案发后的 41 小时，将《关于对牺牲民警沈成磊同志作为重大典型进行宣传的请示》呈交市委宣传部，并组织驻烟所有媒体赴莱山分局对沈成磊先进事迹进行集中采访，从而掀起了第一轮宣传高潮。当日还邀请中央电视台、人民公安报社、新华网等媒体记者来烟采访，将沈成磊先进事迹推向全国。6 月 19 日，沈成磊烈士追悼大会举行，邀请中央、省、市近 20 家新闻媒体进行现场采访，中央电视台《共同关注》、人民网、人民公安报等媒体迅速刊发，掀起又一轮报道热潮。6 月 25 日，省委宣传部、省委政法委、省公安厅组织的 15 家新闻媒体来烟，对沈成磊先进事迹进行集中采访，随后又出现了新一轮的密集宣传报道。

最后，在深入挖掘期，明显的宣传效应是关键。为了充分挖掘沈成磊先进典型所包含的价值内涵，宣传团队在充分挖掘新闻事实的同时，还运用大量的新闻评论来提升英雄的内在精神。从不同角度、根据不同的受众展开评论，先后在《今晨 6 点》、烟台晚报、烟台日报、烟台电视台、大众网、山东法制报、大众日报、中国警察网等媒体刊发各种评论、述评文章数十篇。特别是中国警察网上的述评文章《把心中的痛与爱献给他们——致在与犯罪分子搏斗中牺牲的民警、辅警和为公安事业无私奉献的警嫂》，更是道出了千万公安民警的心声。为了进一步提炼英雄的先进事迹，宣传团队还借力全省先进事迹报告会，分别以《生命的绝唱》、《沿着你的足迹前行》、《风雨人生忆小弟》为题从战友、领导、亲人三个角度撰写系列演讲、报告稿，进一步扩大了典型人物的社会影响力。

（作者王永文系山东省烟台市公安局政治部宣传处副处长，
李德峰系烟台市公安局政治部宣传处民警）

试论交警执法网络直播的正当性

张　国

根据《互联网直播服务管理规定》，“互联网直播”是指基于互联网，以视频、音频、图文等形式向公众持续发布实时信息的活动。继法院系统庭审直播之后，2016 年 5 月，城管部门率先掀起城管执法网络直播浪潮。2016 年 8 月 9 日至 9 月 12 日，公安部交通管理局联合多家媒体平台开展了“全国交警直播月”活动，全国 21 个省（区、市）公安机关交通管理部门平均每天三场次接力开展在线执法网络直播，引来 1.7 亿人次在线围观，800 多万网友点赞。通过网络直播，交警主动展示执勤执法的真实过程，结合宣传教育，实时与收视群众互动交流，引起了广泛关注，取得了积极的社会效果。交警执法网络直播是公安机关交通管理部门在“互联网 +”时代，深入贯彻全国公安机关规范执法视频演示培训会精神，推进交警系统执法规范化的一次创新尝试。这一举措是对新媒体时代直播工具的充分利用，是对网络“围观力量”的有力发挥。直播和公开，有利于提高执法透明度，满足民众的知情权，实现“双向监督”，有利于和谐警民关系，优化执法环境，震慑交通违法，树立执法公信力，维护执法权威。

交警执法网络直播的合法性与正当性

交警执法网络直播是行政公开原则的具体体现。行政公开原则是行政法的一项基本原则。行政公开原则要求行政行为除依法应当保密的以外，一律公开进行，行政机关及其工作人员的活动应当允许新闻媒体依法采访、报道和评论。行政执法行为公开是行政公开原则的具体要求之一，是公民宪法权利的体现，有利于保障公民的知情权、参与权和监督权。根据《公安机关执法公开规定》，“执法公开”是指公安机关依照法律、法规、规章和其他规范性文件规定，向社会公众或者特定对象公开刑事、行政执法的依据、流程、进展、结果等相关信息，以及开展网上公开办事的活动。交警执法网络直播是公安机关交通管理部门践行行政公开原则的一项创新举措。

交警执法网络直播法律依据充分。目前，国务院颁布的《政府信息公开条例》、公安部印发的《公安机关执法公开规定》、《人民警察内务条令》、《道路交通安全法实施条例》、《道路交通安全违法行为处理程序规定》、《道路交通事故处理程序规定》及其他有关规范性文件中都对公安机关交通管理部门及交警执法公开提出了明确要求。此外，党的十八届四中全会提出“全面推进政务公开，以公开为常态，不公开为例外的原则”，也对执法公开提出了政策上的要求。公安机关交通管理部门开展执法网络直播，践行执法公开的要求，具有充分的法律和政策依据，具有合法性和合理性。

交警执法网络直播满足了社会公共利益的需要。交警执法是为了保障道路交通的安全、有序、畅通，交警执法规范化关系到每名交通参与者的切身利益及社会整体的法治化水平。交警执法网络直播使网络平台、直播方式成为开展法治宣传教育的新阵地，成为动员组织群众参与法治建设的新途径，以及提升法治效能和规范执法水平的新手段，无论从宣传交通安全文明，还是从促进执法规范化建设的角度，都是对社会公共利益的有效维护。

交警执法网络直播展现了社会监督、协同治理的新理念。党的十八届三中全会明确指出，创新社会治理体制要鼓励和支持社会各方面力量的参与。而媒体舆论的监督是保障依法行政、防止权力滥用的有效武器。因此，网络直播将交警执法过程置于媒体和舆论之下，自觉接受人民群众的监督，不仅体现了社会监督、协同治理的理念，更展示了该项举措背后依法行政、法治理念的精髓。

网络直播对交警执法提出了新要求

网络直播具有直观性、快速性、广泛性、互动性的优势，有利于公安机关交通管理部门实现监督执法、威慑违法、宣传教育、良性互动等积极的社会效果，但由于道路交通执法工作具有即时性、多样性、复杂性、突发性等特点，网络直播也同时给交警执法带来了新挑战、提出了新要求。

交警执法网络直播要求更加注重保护公民的合法权益。根据尊重保障人权原则，在交警执法网络直播的过程中，一方面，要保护公民的知情权、监督权，在法律法规允许的前提下，确保最大限度公开；另一方面，要切实保护相关人员的合法权益，实现对相关人员权益最小的损害。现实中，执法网络直播的过程可能涉及国家秘密、商业秘密和个人隐私，以及某些侦查手段等内容，还可能涉及被害人、证人、未成年人的保护问题，因此，有必要对直播公开的范围和程序加以规范，避免造成违法侵权，并防止违法行为人在收看直播后逃避处罚。

交警执法网络直播对执法规范化提出了更高要求。网络直播的即时性和交通违法的突发性给执法者的执法水平、应急处置和舆情控制的能力带来了巨大的挑战。稍有不慎，则可能制造负面影响，引发社会质疑公安机关交通管理部门执法不力、执法不公、执法不规范，甚至导致群众与公安机关交通管理部门之间矛盾激化，损害执法公信力，削弱执法权威，弱化执法形象。

执法网络直播不能代替执法记录。虽然执法记录和执法网络直播都是为了促进执法的规范化，但二者在性质、拍摄内容角度及采用设备上均有所区别，不能互相取代。一是性质不同。执法记录是执法过程中的一个环节，执法直播是对执法过程的监督，二者是监督和被监督的关系。二是拍摄内容角度不同。执法记录是为了查清违法和案件事实，采集证据材料而记录执法过程；执法直播是为了监督执法、普法教育而记录执法过程。三是采用设备不同。执法记录必须使用执法记录仪规范采集上传；执法直播可以采取摄像机、手机或其他移动终端直播上传。因此，网络执法直播并不能代替执法记录。

对于完善交警执法网络直播的建议

第一，明确交警执法直播公开与保密的界限。一是在执法网络直播中涉及国家秘密、商业秘密、个人隐私的内容不得直播，涉及个人信息的内容不得公开；二是对于未成年人、被害人、乘车人或者证人等特殊对象，尽量不予拍摄或者采取相应技术手段对其加以保护；三是涉及其他不宜公开的内容，应当进行相应的技术处理。

第二，自媒体直播与传统媒体直播并重。为避免群众对交警“选择性直播”、直播内容不客观等质疑，在开展交警执法网络直播的同时，也可以邀请专业的新闻媒体同步直播，将自媒体和传统媒体相结合，依法、客观、真实地呈现交警执法现场。

第三，提高交警执法队伍的规范化水平。打铁还须自身硬，要实现交警执法网络直播积极的宣传效果，树立执法权威，提高执法公信力，须切实提高交警的执法规范化水平。这不仅体现在规范执法流程、法律适用和处罚处置等方面，还体现在规范着装、装备使用、手势用语等具体细节上。此外，还应当不断提高交警的应急处置和舆情控制能力，避免直播引发矛盾激化升级，使执法网络直播真正成为推进交警系统执法规范化建设的内在动力。

（作者系山东省临沂市公安局交警支队直属一大队民警）

传统与新兴融合　线上和线下互动

——从“阿汤哥”系列微视频爆红谈起

常公宣

习近平总书记指出，在新形势下网络宣传工作比任何时候都需要创新，要适应社会信息化持续推进的新情况，充分利用新技术创新媒体传播方式，占领信息传播制高点。孟建柱书记、郭声琨部长多次在公安工作会议上就做好新形势下公安新闻宣传和舆论引导工作作出部署。当前，我国正处于社会转型的关键时期，群众思想多元化，社会矛盾复杂化，以“三微一端”（微博、微信、微视频、客户端）为代表的新兴媒体成为传播党意、汇聚民意的重要渠道。新兴媒体正在用一种无声的力量改变着我们的阅读习惯、生活方式以及思维模式。占据稳固地位的传统媒体正在新兴媒体的冲击下，正不断地通过改革和创新寻求出路。这对于公安机关而言，既是机遇又是挑战。从社会发展的角度探究如何融合传统媒体与新兴媒体，共同塑造公安民警新形象，推动公安工作创新发展，是公安机关亟待研究的课题。

一、事件回顾

2014 年年底，针对高发的偷盗电瓶车、公共场所扒窃、网络电信诈骗、孩童走失等警情，传统的防范宣传单发了一茬又一茬，宣传活动举行了一场又一场，可依然有很多人，甚至有不少年轻人“屡屡中招”，可见传统宣传手段单一、效果不佳，宣传的防范知识老百姓记不住、不走心。按照局领导“主动占领新兴媒体舆论传播阵地”的指示，常州市公安局利用手机APP软件“美拍”功能，把生硬的文字宣传资料转换成诙谐幽默的微视频，创新推出“防盗”“防扒”“防骗”“防拐”等系列微视频。经过一段时间的“升温”“发酵”，微视频点击量突破10亿，刷新了公安法制宣传点击量的历史记录。

其间，在新兴媒体上，公安部“打四黑除四害”官方微博、新浪、搜狐、网易、凤凰、腾讯等20余家国内知名门户网站、客户端首页置顶刊登，百度搜索关键词“阿汤哥”，除了影视巨星汤姆·克鲁斯以外就是它；在传统媒体上，中央、省市级新闻媒体争先报道71条，央视《新闻周刊》将“阿汤哥”列为一周新闻人物，湖南卫视《天天向上》、东方卫视《新闻眼》等20余家金牌栏目组盛情邀请“阿汤哥”系列制作团队录制节目，部分党政机关单位主动致电申请该系列微视频在地铁、广场等人流密集场所的播放版权。央视特约评论员杨禹、春晚总导演哈文、影视演员黄磊等知名网络“大V”、达人纷纷转发，新浪微博发起“帮民警小汤上春晚”的话题帖子，网络上一片好评，甚至有网友热评：“这哥们儿不上春晚就白瞎了。”光明网时评频道撰文评论：“从‘警察蜀黍真是蛮拼的’的‘@人民日报’官微，到网友‘顶他上春晚’，彰显了公众对其工作的肯定。看起来他的蹿红似乎有着偶然性，但实际上也包含着一定的必然性。”对此，时任公安部党委委员、部长助理孟庆丰到常州调研称赞“阿汤哥”是“一个带有时代特色的警界新星”。常州市副市长、公安局局长尚建荣专门批示：“抓住机遇，研究专门创意文案，集尽可能多的力量，继续做大推高。”

二、主要做法

一是构思定位上取得社会各界“共鸣”。内容上符合需求，精心构思策划文案，围绕群众最关心、最直接、最现实的盗窃电动车、电信网络诈骗、扒窃财物和拐骗孩童等侵财类案件，选题制作、收集素材，力求真实、朴实；形式上抓住眼球，针对传统的派传单、发信息、播广告等方式已很难深入人心的现状，改变以往说教方式，研究网友喜好特点，通过幽默的语言、夸张的手法，融合曲艺表演、搞怪说笑、网络段子等“接地气”的元素，迎合网友口味；包装上力求亲民，没用“高大上”的拍摄“神器”，只选择了所内一块无干扰场地，制作了带有“常州公安”和“民生警务”标识的背景牌，通过最平常的手机摄像头，优化调整拍摄角度，修改视频脚本，创作“寓教于乐”的亲民宣传防范产品。

二是推广模式上形成了上下持续“共振”。把握时间节点，反复推敲斟酌，每隔4至5个工作日分批推出系列微视频，根据第一部推出恰逢圣诞节宣传效果不佳的实际情况，及时调整策略，寻找舆情“干枯期”发布；掌控推送节奏，按照“网媒试水——平面媒体跟进——网媒引爆——平面媒体深度挖掘”的思路，先在本地各大媒体联合发布，形成一定影响后，再逐步推送至新浪微博、搜狐视频、网易、凤凰网、人民网等知名网站头条，做到平面和立体交织，传统和新兴互动；踩准舆情节拍，密切关注各大网络的舆情导向，及时开展舆论引导，数亿粉丝以“公安蛮拼的”“阿汤演技精进了”“视频让人醉了”“警察也能萌萌哒”等正面热词评论。

三是传播途径上做到了虚实互动“共享”。扩大美誉度，视频爆红后，“爸爸去哪儿”“一站到底”“天天向上”等栏目组纷纷盛邀团队参与制作节目，明确专人接待和采访内容；传递正能量，在不影响正常警务工作的前提下，排出接待采访表，穿插相关“背后的故事”等正面报道类的采访，满足公众好奇心理，保持新闻热度，引导公众如何做好自身安全防范；展示新形象，注重区分采访场合，在以人民警察的身份接受传统媒体采访时，要求话题设置与采访内容必须权威、严肃、正规；在微博、微信等新媒体中，保持朴素、真实、放松的状态，展示好公安民警“亲民、爱民、利民、为民”的良好形象。

四是沟通协作上达到了内外多方“共赢”。团队策划组稿，组建了由市局新闻中心牵头的“微视频项目组”，一有新思路、新点子立即碰头，1 分钟的视频制作往往是加班几宿的成果，初稿形成后马上在微信群内转发“找茬”；团体研究制作，及时研判收集季节性、时段性的警情社情，实地采访社区居民、农民工等群体，征询媒体记者的意见建议，借助腾讯等优质媒体，找准群众喜好，达到“始终有料、媒体肯推、百姓爱看”的效果。团结推广经营，视频火了，小汤被“人肉”了，微博粉丝量火线上升、空间留言数爆棚飞涨，但小汤有社区警务工作，不能“不务正业”占用工作时间处理，“小伙伴们”便 24 小时坚守维护微博。

三、思考启示

“阿汤哥”系列微视频爆红网络是传统媒体与新兴媒体融合开展宣传的一次有效尝试，也是落实郭声琨部长“要准确把握公安工作规律和现代新闻传播规律，创新理念机制和方法手段，建设一支高素质的新闻宣传和舆论引导队伍，打好主动仗，掌握主导权，努力凝聚推动公安事业发展的正能量，更好地服务党和国家工作大局”要求的一次具体实践。实践证明，传统媒体和新兴媒体的融合使核心竞争力发生巨变，既延长了新闻产业链条，突破了传统媒体过去在时间、空间、影像表现方面的局限，又继承了传统媒体强烈的策划意识、整合意识等，使宣传产品的传播媒介具有丰富性和可选择性，提高了时效，扩大了影响。如何加强两种媒体、两种传播途径的融合，需要公安机关在实践中扬长避短，与时俱进，不断改进，最终达到最佳的宣传效果。

一是加快抢占舆论阵地是前提要求。公安机关要抢占舆论主导阵地，充分发挥传统媒体的权威性和新兴媒体的即时性，适应新常态下新兴媒体受众参与热情高涨的特点，掌握重大新闻事件的各种舆论倾向，有机结合微博、微信、微视频等新兴媒体，牢牢掌握话语权，坚持正面舆论导向，积极引导公众舆论，凝聚社会正能量，化解社会负面危机矛盾，力求使传播效果最大化。

二是加深媒体之间互动是关键所在。公安机关要把传统媒体的深度及其价值理念带到新兴媒体的创意和制作过程当中去，不断探索最佳切入点、融合点，与更多网络“大V”建立合作关系，适时借助网络“大V”营造新闻引爆点。坚持通过数字化、图像化增强传统媒体的传播力、亲和力，不断强化线上、线下多维平台的互动，形成传统媒体和新兴媒体之间的良性互动、相得益彰。

三是加速创新转型升级是大势所趋。面对新形势、新任务，公安机关必须创新转型，紧跟新兴媒体发展步伐，抓住机遇发展微博、微信等“自媒体”平台，坚持“内容为王”，按照新兴媒体发展的规律、趋势，整合资源，相互融通，将主动传播与驱动传播、群体传播与个体传播、事实传播与观点传播、随时传播与定时传播一体化，开辟实现传统媒体和新兴媒体的融合发展。

四是加大人力资源投入是坚实保障。在人力投入方面，公安机关除了引进必要的新兴媒体专业人才之外，可以倡导创设新兴媒体策划、编辑等专业技术岗位，逐步培养一批擅长语言表达、精通视频剪辑、热爱网文策划的人才，采取专兼职相结合的模式，适时组织其到知名报社、网站、电视台随岗培训，打造一支自办新兴媒体所需要的采编、经营人才梯形队伍，为今后宣传工作发展奠定基础。

五是加强舆情监测引导是发展方向。公安机关要建立完善新兴媒体舆情的搜集、研判和反应机制，对重点网站、热点问题等进行全天候监测，准确把握舆情脉动态势，为引导舆论和正确决策提供科学依据；深入研发新兴媒体技术监管平台，增强技术防护能力，提高新兴媒体管理效能。

总而言之，加强传统媒体和新兴媒体的融合发展，公安机关必须在注重规划、加强建设、充实队伍、完善制度、规范管理等方面采取措施，综合运用法律、行政、经济、技术等手段，坚持以问题为导向、以改革为动力，真正使传统媒体和新兴媒体成为传播公安机关为民服务的新途径，推进公安事业改革发展的新空间，打造民生警务升级版的新动力，全力服务平安中国、法治中国建设。

自媒体时代交警执法舆情的应对

——对昆明“冰－狗狗事件”的思考

罗芳芳

【摘　要】2016年12月5日，新浪微博用户“冰－狗狗”发布题为“春城骑警一个多美的名字”长微博，讲述了遭遇交通民警“粗暴执法”的经过，迅速引起社会广泛关注。昆明市交警支队迅速启动了负面舆情应对机制，多方协调、形成合力对舆情进行引导，成功化解了此次自媒体引发的执法舆情危机。本文以“冰－狗狗事件”为切入点，就自媒体时代交警执法舆情的特点、对交警执法工作的影响以及应对机制的构建，进行深入调研思考。

【关键词】自媒体　交警执法　舆情应对

2016年12月5日上午11时，新浪微博网友“冰－狗狗”发布长微博称，自己送孩子去昆明金江实验幼儿园上学，在幼儿园门口停车不到5分钟，就被春城骑警贴了罚单，其中警号为0541××的交警态度恶劣，粗暴执法，甚至对其进行辱骂。该微博措辞激烈，并附有事发现场视频，发布24小时内已有4万余名网友转发、1万余名网友评论。

针对该条舆情，昆明市交警支队迅速对事件进行了核查，并于12月6日召开新闻发布会，向媒体公布了该交警执法记录仪视频，并发布官方通报。通报表示，此事件所涉及的交警属依法履行职责，昆明交警的一切执法活动接受社会监督，市民如对执法有疑义，可以通过法律程序进行解决；但对于扭曲事实，散发不当言论的行为，交警将依法追究其法律责任，以捍卫法律尊严。

新浪微博网友“冰－狗狗”不配合春城骑警执法的微博和视频被大量网友转发和评论，引发了一场“舆论风暴”。针对此条舆情，昆明市交警支队迅速组织调查，及时给予正面回应，有效地避免了因网友单方面不实言论引发大规模负面炒作危机的发生。在自媒体时代，每个交通参与者都是信息传播的“麦克风”，都可能成为舆论的制造者，因此，如何面对自媒体时代带来的新形势、新挑战，有效应对执法网络舆情，成为公安交通管理工作面临的一项新课题。

一、自媒体时代交警执法舆情的特点

总量集聚化，涉警舆情压力攀升。根据《中国社会舆情与危机管理报告（2015）》蓝皮书相关统计数据，微博首曝涉警涉法类舆情事件数量大幅增加，公安机关已经成为热点事件舆情压力最大的职能部门，舆情压力总值（1790）远超排名第二的纪检监察机关（706）。涉警舆情数量激增是自媒体时代公共监督的必然结果，人民警察作为公权力的象征，首当其冲会被公众所关注。自媒体时代，公众可以便捷地通过微博微信等公众平台表达意见，形成舆论，从而实现对警察的各项职务活动的监督。监督与被监督的社会角色，决定了网络舆情主体与执法主体之间天然的对立关系。网络身份的隐匿性、言论的自由性、传播的即时性、跟帖的盲目性，致使一些“个案”被泛化，负面效应被放大，进而导致交警执法舆情压力不断增大。

传播碎片化，执法信任危机凸显。随着我国社会主义民主制度进一步健全，人民群众参政议政的积极性大幅度提高，加之自媒体时代“零门槛”的传播方式，每个人都成为了信息传播的中心，信息纷繁复杂，呈现出“碎片化传播”的特点。而交警作为目前执法量最大、接触群众面最广的警种之一，其一举一动特别是可能涉及执法不公、执法不严、徇私枉法等负面信息都更为公众所瞩目。群众碎片化的传播，以及“信息把关人”的阶段性缺位，很容易导致主客观上的信息传播失实，直接引发广大人民群众对交警执法的信任危机，极大地影响交警的执法权威。

二、自媒体舆论对交警执法工作的影响

一是引发了人民群众对交警执法工作的高度关注。在大众媒体时代，由于传播方式的局限性，社会对交警执法活动的关注有限。而在自媒体时代，人人可以随时随地表达自己的意见和态度，与媒体或其他网民的互动使每一个交通参与者都可以对交警执法活动进行评议，并形成舆论共振。“冰－狗狗事件”本是一次普通的违停处罚，但随着广大网民的参与，迅速演变成为了一场“舆论风暴”。微博发出后，24小时内已有4万余名网友转发、1万余名网友点赞、1万余名网友评论；昆明市交警支队官方微博针对其博文及时作出回应，阅读量在两天内达1400万，点赞4万，转发3万，网民留言2万。绝大多数网友对昆明交警的执法行为表示支持和肯定，并对“冰－狗狗”拒绝执法的行为提出质疑和批评。可见，自媒体舆论的深度传播使得人民群众对交警执法工作高度关注，这对于交通参与者积极参与交通安全治理，培养形成法治交通意识、文明交通意识，起到了非常重要的作用。

二是形成了对交警执法工作无所不在的舆论监督。在自媒体时代下，无处不在的互联网使得每个人随时都可以成为执法工作的监督者和舆论的发起者。据统计，截至2015年12月31日，微信月活跃账户数达到6.97亿、QQ活跃用户达到8.53亿，其中83%为移动端用户。在过往的大众媒体时期，由于受到媒介载体的限制，公众对交警执法工作的监督力度也有限。但自媒体时代的执法舆论监督是“全景式”的，从交警现场执法程序、案件处置方式、工作态

度到警情通报的发布、案件进展情况、后续处理措施，每一个环节、每一个步骤都有可能被置于放大镜下仔细考量，任何不当之处都会遭到舆论的口诛笔伐，这对交警执法规范化提出了更高要求。

三、自媒体时代交警执法舆情应对机制的构建

新浪博友“冰－狗狗”于 2016 年 12 月 5 日上午 11 时发布题为“春城骑警一个多美的名字”博文，之后昆明交警支队网络舆情监控民警及时上报，并随即启动网络负面舆情应对机制，成立舆情领导小组，核查执法信息后迅速予以回应，及时研判、正面引导，并召开了由支队领导、宣传、法制、纪委、综合、辖区大队相关人员参加的舆情应对联席会议。在分析舆情态势后，于 12 月 6 日下午 16 时召开了新闻发布会，就事件情况向媒体进行了通报，昆明交警“双微”平台同步进行了推送，并在事后与社会各界积极沟通，传播昆明交警“人性化管理、规范化执法”的工作原则，取得了较好的社会效果。可见，正是昆明交警的现场规范执法、昆明市交警支队及时完善的舆情处理机制，较为成功地化解了“冰－狗狗事件”引发的网络舆情危机。因此，针对自媒体时代交警执法舆情的特点，必须积极回应网络舆论对交警执法工作的影响，构建事前预防、事发准备、事中响应和事后恢复的相关机制，有效应对执法舆情。

第一，建立网络执法舆情事前预防工作机制。一是进一步加强执法规范化建设。制定关于执法语言、执法动作、执法程序等方面的具体规范，有效规范交警面对拒绝执法行为的现场反应，引导执法交警与相对人之间进行和谐互动和沟通，并定期开展培训。二是进一步加强队伍正规化建设。既要培树交警良好的执法形象，进一步加强队伍监督管理，又要强化交警舆情队伍力量，吸纳更多的舆情专业人士从事网络执法舆情处置、引导和应对等相关工作。三是进一步加强基础信息化建设。充分利用信息中心、数据库、测算平

台等资源，通过“互联网+”的警务工作模式，形成强大的网络执法舆情监测系统，及时发现隐患，提前处理问题。四是进一步加强警务实战化建设。建立健全公安机关交通管理部门关于网络执法舆情的组织领导机构，建立与相关部门的联动工作机制，提升应对网络执法舆情事件的实战能力。

第二，建立网络执法舆情事发准备工作机制。一是建立健全各项舆情监测平台。要建立一支网络安全监查技术队伍，同时要注重提升科技手段应用水平和能力，加强对重点微博、论坛、QQ群、微信等网络媒介的监测。二是建立健全网络执法舆情预警机制。各级公安交管部门的相关人员要对可能引发涉警谣言和负面舆情的各类敏感信息保持高度警惕性，及时上报并做好预警准备。三是建立健全网络执法舆情研判机制。利用舆情监测平台，甄别研判舆情爆发可能产生的持久力和影响面，及时召开舆情研判会议，为后续全面应对掌握舆论主导权打好基础。

第三，建立网络执法舆情事中响应机制。一是坚持应用研判，启动预案，落实到位。当网络执法舆情事件发生后，公安机关交通管理部门要根据前期研判结果，甄别舆情的性质和严重性，对应地启动应急预案，确保责任领导、责任民警和宣传干部到位，确保舆情应对引导所需要的宣传工具、现场处置所需的执法器械和警用车辆以及交警自身安全保护物件等配备到位。二是坚持即时发声，正面回应，分步澄清。“冰-狗狗”事件发生后，昆明市交警支队第一时间通过官方微博权威发声，掌握了舆论主动权，坚持正面沟通回应原则，本着开诚布公的心态、以公开透明的姿态对危机作出回应，并根据事件调查处理情况，分阶段、分批次发布信息，使公众及时了解相关信息。三是坚持公开信息，透明处置，消除猜疑。公安机关交通管理部门在应对网络执法舆情过程中，为化解公众的不信任，应该使事件调查处置的过程尽可能地公开透明。在公布事件调查处置进展情况和结果时，充分公开非涉密性质的调查过程和证据材料，满足公众的信息需求。四是坚持公正处理，依法打击，违法必究。要公平地对待涉事对象，针对交警执法不规范的行为，依法处理，绝不隐瞒；对相对人阻碍交警执法的行为，要运用《治安管理处罚法》、《刑法》等法律手段进行精准打击；同时加强交通安全和交通文明的宣传教育，形成规范执法、全民守法的法治氛围。

第四，建立网络执法舆情事后恢复机制。一是强化后期跟踪反馈。在网络执法舆情事态降温后，依然要实时监控舆情能量等指标变化情况，及时掌握舆情动态；关注相关执法民警和相对人的思想动态和情绪反应，积极主动疏通引导，避免二次舆情事件的产生。二是提高执法舆情防范能力。进一步强化交警队伍自身建设，积极主动地向相关部门和交通参与者报告交通管理工作和队伍建设情况，强化公共关系建设；通过积极的宣传工作，强化法治交通、文明交通、安全交通的理念，形成社会协同共治的大环境。

（作者系公安部道路交通安全研究中心助理研究员）

公安机关公共关系建设的四个关键点

康守文

良好的公共关系是公安机关做好工作的保障。县级公安机关处在执法一线，直接和群众面对面，工作情况复杂，所面对的人员结构多样、素质良莠不齐。在开启“四个全面”新发展格局的形势下，县级公安机关要积极面对和把握新形势，深入研究影响警民关系和谐的新问题，创新方式方法，重点要在四个“关键点”上下功夫。

立足于“一个根本”

在公安工作中，队伍建设是根本。建设一支作风正、素质硬的公安队伍是赢得社会信赖、树立良好形象、构建良好公共关系的根本点。一是要加强公安民警核心价值观的培养，解决“信念危机”。在当前社会转型期，新的道德、价值评判标准还没有形成，面对诸多不良诱惑和工作、生活上的压力，民警在价值取向、心理健康方面容易出现问题。公安机关要把解压释惑作为当前政治思想工作的重点，增强针对性、实效性，培塑民警忠诚的信念和以奉献为核心的价值观。二是要加强公安队伍职业化建设，解决“本领危机”。职业化建设是提升公安队伍执法服务工作的有效途径。要采取有力措施，培塑民警的职业荣誉感和职业精神，提升民警的职业道德，增强民警的职业技能，积极回应人民群众对公安民警职业素养提出的新要求。三是要持之以恒地加强反腐倡廉建设，解决“信任危机”。廉洁才能奉公。廉洁问题是影响人民群众信任度的一个重要因素。县级公安机关工作庞杂而具体，反腐倡廉工作只能加强不能放松，力戒失之于管、失之于软的问题，既不能听到群众的骂声，也不能听到群众的怨声。

履行好“一个职责”

人心思安、人心思稳，安全稳定的治安环境是最基本的民生诉求。维护稳定是公安机关的第一职责。老百姓满意不满意首先要看治安环境。县级公安机关维护稳定要把握好三个方面的关系：一是要围绕地方大局履行职责。县级公安机关要积极融入地方经济社会发展，围绕地方党委、政府的中心工作，要到位而不越位，把更好地服务发展大局作为创建良好治安环境的立足点。二是要围绕群众的安全感履行职责。多破案和少发案都是人民群众对公安机关的基本要求。针对社会的动态化、多元化，既要保持对犯罪活动的严打高压态势，又要在防范控制发案上多动脑筋，特别是针对群众反映强烈的多发性侵财犯罪，大力推进防控体系建设，在提高破案率的同时，努力降低发案率，增强群众的安全感。三是要围绕社会形势履行职责。当前我国正处于对敌斗争复杂期、社会矛盾凸显期、刑事犯罪高发期。基层公安机关处在维护社会稳定的前端链条，要做细矛盾化解工作，推进和谐建设，要做实公安基础工作，管好不稳定的治安因素，赢得社会和群众的满意。

践行好“一条路线”

群众路线是党和政府一切工作的根本路线。执法环境越是复杂，公安机关越要发扬好这一优良传统，解决好“为了谁，依靠谁”的问题。公安机关走群众路线，要在坚持“两个一切”上下功夫：一是坚持“一切为了群众”。“一切为了群众”就是要情为民所系，利为民所谋，以群众的需求为出发点，以群众的期盼为努力方向，不断加强和改进执法服务工作，以理性、文明、规范、高效的执法服务，赢得群众的满意和支持。二是坚持“一切依靠群众”。“一切依靠群众”就是要相信群众、走进群众、融入群众。要广泛听取群众的意见和建议，吸纳群众的智慧，创新专群结合的警务模式；要广泛组织群众，发展各种形式的群众警务，加强对社会治安要素的控制，及时有效地获取群众的支持，掌握工作主动权。

建设好“一套公关机制”

完善的机制是做好工作的保障。公安机关必须以维护形象、提高满意度为目的，以各种媒介和载体为依托，以加强与社会公众的信息沟通、良性互动为主要内容，建立建全一套完善的公安公共关系建设工作机制。一要健全主动参与机制，提高参与度。变被动应付为主动参与，一方面“主动发声”，结合警务公开，及时向社会发布辖区治安状况、公安管理服务措施、社会关注的大要案件、涉警事件进展情况等群众应知而未知的公安信息，引导舆论，以正视听；另一方面“主动走近”，要依靠党委、政府宣传部门，主动加强与媒体的沟通联系。二要建立互动沟通机制，提高透明度。例如，通过开展大走访、警民恳谈、向群众述职述廉等形式，使民警主动走进群众，认真倾听群众的意见和建议。又如，通过警营开发日、聘任社会监督员等形式，邀请群众走进警营，近距离地体验公安工作。再如，通过走出去、走进来，消除公安机关的神秘性、封闭性，在增进群众对公安机关的了解中增加理解。三要建立公安品牌策划培塑机制，提高满意度。品牌是品质和诚信的结晶。公安机关要借鉴商业模式，大力创设打击犯罪、维护稳定、服务群众的“精品工作”，培塑亲民爱民、维护公平正义的“精品所队”“精品人物”，打造成群众耳熟能详、广泛信赖的公安品牌，以点带面，提高群众对公安机关的满意度。

（作者系山东省东平县公安局民警）

新闻网站产业化盈利模式简析

谢　刚

导　言

互联网的迅速发展越来越成为现代人日常生活和工作不可或缺的一部分。中国的新闻网站发展也已走过十余载，在数量和规模上都有较大增长。人民公安报社为适应媒体行业发展趋势，2010 年成立中国警察网传媒（北京）有限责任公司（以下称中国警察网），大力发展新型媒体。经过近 6 年的探索发展，团队由最初的六七人发展到近百人，网站的知名度、访问量、点击量都有很大增长，日均点击量从 30 多万达到 300 万上下。但在媒体经济属性日趋明显、产业化进程不断推进、市场竞争不断加剧的今天，大部分新闻网站都在发掘合适自身的经营模式，如何实现新闻门户网站的盈利成为一个值得探讨的话题。

习近平总书记在中央全面深化改革领导小组第四次会议上强调，推动传统媒体和新兴媒体融合发展，要遵循新闻传播规律和新兴媒体发展规律，强化互联网思维，坚持传统媒体和新兴媒体优势互补、一体发展，坚持先进技术为支撑、内容建设为根本，推动传统媒体和新兴媒体在内容、渠道、平台、经营、管理等方面的深度融合，着力打造一批形态多样、手段先进、具有竞争力的新型主流媒体，建成几家拥有强大实力和具备传播力、公信力、影响力的新型媒体集团，形成立体多样、融合发展的现代传播体系。对此，要一手抓融合，一手抓管理，确保融合发展沿着正确方向推进。

本文结合中国警察网的行业性和新闻网站的发展趋势，围绕信息收集、差异化竞争、数据分析和产品化盈利模式进行论述（如图1）。文中涉及的部门和业务，都只是为了表达需要，且只代表个人观点，欢迎各位同仁批评指正。

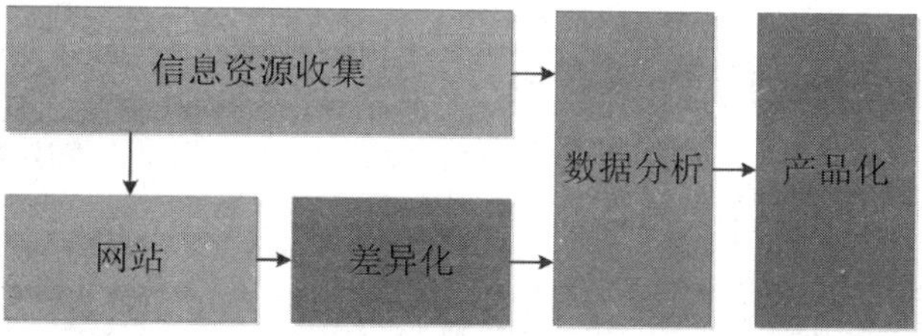

图 1　媒体网站从信息收集到产品化

开发 PC 微门户访问终端

随着互联网呈多元化趋势发展，多渠道浏览访问已成为网站为满足用户的基础性服务。单从 PC 端来说，绝大部分的信息受访都是由用户主动登陆中国警察网浏览或者其他网站转载中国警察网信息的链接，这种被动推送信息的方式不能有效地形成用户粘性。我们怎么才能够将最新的信息主动推送给用户呢？目前越来越多的新闻门户、资讯相关网站都推出了 PC 微门户，如腾讯、搜狐等。它主要提供即时热点资讯、个性化信息和多门类导航服务。2015 年 1 月 23 日报道，搜狐 PC 网站访问量约 5000 万，其中首页 1000 万，微门户 4000 万。不难看出，微门户浏览量占据了用户浏览量半壁江山。

微门户也是一个自我推广、增强用户浏览粘性的一种手段。虽然是在 PC 电脑上，但网民在开机后，微门户会自动运行弹出最新的新闻，主动把最新资讯和根据用户喜好分析的个性化信息推送给用户。这样不但提高了用户与网站的粘性，还可以通过收集用户的阅读习惯和偏好等信息去分析用户需求。

图 2　搜狐 PC 微门户

设立微门户至少有三个方面功效：

第一，通过微门户可大大增加中国警察网的粘性用户数量，从被动式的新闻信息呈现转变为主动将信息资讯呈现给网民。

第二，满足用户个性化阅读需求，实现信息精准化推送，带动移动客户端使用量。

第三，同时可利用 PC 微门户精准广告投放。

PC 微门户版面小，呈现给用户的都是网站各个栏目的精品内容。搜狐 5000 万的 PC 访问量，被搜狐 PC 微门户的弹窗内容吸引所产生的粘性用户访问应该占绝大部分。目前搜狐网每天有 1200 万人正在使用新闻 APP，有 3500 万至 3900 万人使用手机搜狐网，合计接近 5000 万，与 PC 端用户量基本持平。而我们中国警察网的主要用户来源于 PC 端。

用户对资讯的获取，一种是板块式阅读，另一种是个性化推荐阅读。板块式阅读属于传统阅读模式，主要是在 PC 电脑上。微门户和移动客户端在个性化阅读上占有一定优势，又延续了板块式的阅读。

目前，在公检法司系统的众多新闻门户网站中，尚未有一家提供即时的热点资讯和多门类导航服务的 PC 微门户。

具备小版面、精内容特色的弹窗式 PC 微门户，可有效满足个性化阅读需求，有助于中国警察网展示特色化内容，能有效增加粘性用户，同时在产品推广上也能起到相当的推动和宣传作用。

打造可信赖的自媒体平台

中国警察网目前拥有博客、论坛、微博等草根性交互平台，但这些平台的信息资源很大一部分是不可信赖的。打造可信赖的自媒体平台需要用户进行真实性信息验证，通过审核验证用户的信息真实性，建立可信赖的信息来源。同时，我们可以邀请相应行业、专业的专家在中国警察网自媒体平台上创建账户，发布专业性文章，也可以邀约政府部门、公安部门创建自媒体公众账户，发布地方、区域的政务、民生、通告等相关信息。

目前，腾讯、搜狐、百度、网易、新浪、360 等多家资讯网站都推出了自媒体平台，我们行业新闻网站是否也可以推出自媒体平台呢？搜狐自媒体平台已有 1.5 万自媒体作者给手机搜狐网提供内容，手机搜狐网有六个频道完全由自媒体作者提供相关内容。

其实人人都是自媒体，在各自专业领域都有可能产生专业的内容。打造自媒体平台可以横向扩宽原创作品信息来源。同时我们也可以通过自媒体对用户群体的职业、性别、用户偏好等信息进行分析，为中国警察网提供有价值的用户信息数据。

图3　百度百家自媒体平台

打造可信赖的自媒体平台的目的包括：

一是通过自媒体平台增加信息资源，扩大信息数据。

二是通过自媒体平台提高网站与用户的交流性、互动性，拉近用户与中国警察网的距离。

三是为网站、微门户的用户提供个性化阅读的信息源。

四是通过自媒体个性化阅读可做到精准广告投放。

腾讯、搜狐、百度、网易、新浪、360等多家资讯网站都推出了自媒体平台，各个平台的自媒体作者基本上都是以邀请为主，小部分作者通过在线审核信息真实性成为自媒体用户。2014年6月，百度的百度百家上线仅6个月，入住作家就有350人，其中互联网领域有180人，共发表文章1.1万篇，日均60篇。百度百家通过与作者分享广告收益进行盈利，目前已实现盈利。如果我们将自媒体引入中国警察网的生活类、文化类、安全防范类频道，那网站的个性化阅读特性将凸显。用户阅读自媒体作者文章时，该页面产生的广告收益可以由平台与作者共同分享，得到利益分享的作者在创作上会更有积极性。

总之，通过自媒体平台可为中国警察网带来大量的差异化内容信息，提高个性化阅读用户流量，在营销上可以通过精准广告投放与作者进行利益分享。

数据信息的收集和再利用

新闻网站未来的核心就是新闻资源的收集和再利用。我们的新闻资源需要通过整理，转化为大数据应用并实现产业化效益。

例如，我们把各地的新闻资源进行整理，按每月、每季度、每年时间节点做好盘点，由网民评论、点赞，点赞最高的将是最受网民欢迎的省或市。这样中国警察网获得的是点击量、警民良性互动和品牌化形象。同样，我们也可以通过对自有新闻资源数据进行整理分析，为对某个新闻事件进行深度报道或对舆情预警提供参考等。

这都需要我们拓宽可信赖的信息资源渠道，完善现有新闻资源获取平台和信息资源数据库，从数据中挖掘整理可再利用的有价值的信息。我认为很有必要建立新闻资源信息收集数据库，并建立信息数据分析部门。这样做的目的包括：

第一，纵向挖掘，做深做精，将我们行业特点鲜明、社会关注度高的内容深度细化。横向延伸，主动进行策划，以不一样的角度切入，用不一样的方式呈现，加强新闻形式的创新力度，进而发掘出更大的传播价值。

第二，满足可视数据化的新闻报道、案例分析、舆情预警研判分析等需求。

创建“方法”内容搜索

这里所指的“方法”为安全使用方法。为何直接做一个频道或栏目呢？因为安全使用方法可以深入各行各业的产品，如消防器材、安全带、安全帽、家用电器、网银的使用等。寻找相关“方法”的用户往往是有针对性的，可以让使用搜索的用户在中国警察网直接获得所需的信息内容。“方法”的信息源可以是来自我们网站本身的信息资源，但更多的信息源可以通过自媒体平台产生。网站和自媒体产生相关的内容后由人工进行审核后收录。在“方法”内容页链接相关产品，这样就达到了精准广告投放的效果。

打造特种产品电商＋O2O

O2O 即线上消费线下享受。而如何打造一个特种产品（如消防产品、交通安全产品等）的电商＋O2O 模式呢？建立打造完整化的商业盈利模式可能需要比较长的时间，同时也需要得到一些相关部门的大力支持和推行。

虽然特种产品这个圈子不大，但市场却是非常大的。我们可以建立一个以特种产品为主轴的，从批发、零售到运输一条龙服务的商业模式。特种产品的生产厂商可以将其产品图片、内容、参数放到平台上，这样一来，既扩大了厂家销售渠道，也便于相关监管部门随时监管，有效地防止假冒伪劣产品流入市场。同时销售商（实体店）也可将其所经营的产品放在零售平台上进行售卖。

一些特种产品的运输需要有特种运输资质，由符合安全运输标准的车辆进行运输。我们可以联系各个省市将符合资质和条件的车辆、车队或公司纳入批发和零售的环节。用户需要运输时，可以在物流中选择相应的特种物流服务。这样可以在很大程度上减少安全事故的发生，并对特种运输规范化起到一定的作用。

在推广方面，可以结合“方法”进行互推。在批发和零售的产品页面中插入相关产品的“方法”链接。同时在“方法”页面中加入相关产品的零售链接，这样既能精准地进行产品的推广，又能提升“方法”的访问流量。

不同的版块可以使用不同的收费模式。对厂商批发版块我们可以按年收费，对零售版块我们可以按销售金额抽成，对物流费用我们可以按年收费或按每单收费。同时，我们在产品内容搜索中加入产品排行，结合“方法”内容搜索，厂商或零售商户可以在相关词条上进行竞价，精准广告投放就有了着力点，进而形成盈利模式。

（作者系中国警察网技术中心工程师）

俯首甘为“新闻牛”

王宗伦

人们常说：“既要埋头拉车，又要抬头看路。”

我是一名辅警，在贵州省桐梓县公安局从事公安新闻宣传工作，埋头“拉车”十多年。我为什么要埋头“拉车”，又是怎样“拉车”的？是什么信念引领着我前进？如果抬头看路，我能看到什么？

我为什么要埋头“拉车”

2002年，我到桐梓县公安局水坝塘派出所工作，负责协助整理档案资料。水坝塘是桐梓县24个乡镇中北部乡镇的中心，新中国成立后不久就设立了公安特派员，后来设立狮溪区派出所，撤并建后改为水坝塘派出所。几十年的风风雨雨，虽经几度变迁，但所有原始档案资料，总体上都被保留了下来。所以，我有机会接触到派出所纵向发展变化的珍贵史料。在收集归档报纸杂志时，按规定，与本所无关的简报、书刊统统都要销毁。我就每天花大量时间在那些尘封的故纸堆中翻翻找找，确认与本所无关的，做上记号，并清册登记，报领导审核后集中销毁；与本所有关的，装订成册，归类存档。我每天弄得蓬头垢面，但从当年警察的手书笔迹和发黄的照片中，仿佛与他们进行了一次次灵魂交流。别人觉得枯燥无味的工作，我却干得津津有味。我在这些布满尘埃的旧纸堆中，翻捡出一些事关本所的报道，闲时就把那些书刊拿出来读一读。那些其实都是发生在民警身上的小事、平凡事，但经作者书写出来，就特别感人。循着报道提供的线索今昔对照，我发现当年英姿飒爽的民警，如今有的已经老态龙钟，有的已经作古，如果不是因为这些文字，那些曾经活生生的警察身影，不过是档案簿册上一个个冰冷的姓名而已。而有文字记载的警察，一旦提及相关话题，同事们就会陷入回忆，议论纷纷，仿佛又回到当年的情境中。

每当这时候，我就会想起《史记》和司马迁，如果不是司马迁，刘邦、项羽的故事会不会那么精彩传神呢？那个时候，我萌生了书写警察故事的想法。当时条件有限，我们把局里侦破的案件编写成通讯文稿，用毛笔抄写在白纸上，加上配图，张贴在展板上，赶集的时候抬到街面上去，向群众开展普法宣传。因为都是身边新近发生的真实案例，说服力非常强，老百姓喜闻乐见，阅读的群众常常围得里三层外三层，有的还自觉地把这些案例引入学校、家庭教育中，无形中普及了法治意识和法律知识。

老百姓喜欢，我们干起来就特别来劲！

水坝塘是个文化底蕴深厚的地方，有些六七十岁的老人，噙根烟杆，看了展板后，会来到派出所，委婉地指出展板上出现的错误。老百姓重视文化，你如果不加倍努力提高自己，会让人失望。所以那些年，我努力看书、练字、写作，至今回忆起来仍然倍感温暖，这也为后来的写作奠定了一些基础。

2006年桐梓县公安局创办《桐梓公安报》，我撰写稿件时惊喜地发现，以前那些枯燥的档案整理和内勤事务，无形中让我对基层派出所的纵向历史和横向业务有了直观认识，所撰稿件比他人更对路数，常常受到编辑的青睐。上有编辑老师的喜爱，下有兴趣爱好作底子，而且稿费也不薄，写作的劲头日益增加。

有人说："金钱和名利可以挖掘一切潜力！"我的新闻写作潜能也是在想挣稿费、想引起领导关注的种种欲望中不断发掘出来的。当时辅警工资每月四百多元，而稿费就有两三百元，这在当地已相当可观。公安题材涉及社会面广，社会关注度高，稿件需求量大。同时，我县公安局还出台了奖励措施，鼓励民警、辅警写稿投稿，这让全局上下掀起了一股公安新闻宣传的热潮。我是这热潮中最大的受益者，也是最痴迷的坚守者。

我把身边的警察故事一个又一个地展示在读者面前，让更多人了解公安、理解公安、支持公安。通过写作，我帮助过一些人走向成功、获得殊荣、渡过难关，更是帮助自己靠近梦想。等有了一些成绩和影响，走到哪里，哪里就有一大帮朋友给我提供精彩故事的线索，让我能够从中精选典型故事进行创作；走到哪里，就有媒体向我预约相关稿件，让我不愁发表的园地，于是我的写作潜能就不断被发掘出来。

工作就是修行，勤能补拙，仁者天佑。虽然至今我仍然没有摆脱生活的困窘，但我不忧不惧，信心满满，决不退缩。我曾撰春联勉励自己："常思来日，愿为他人铺坦道；不忘初心，甘当辅警写英豪。"

我是怎样"拉车"的

埋头"拉车"十余年，酸甜苦辣自心知。

一、坚定信念

作为边远落后山区的一名辅警，缺乏培训学习的机会，没有和主流媒体打交道的渠道，所撰写的稿子要变成铅字，必须付出加倍努力。

我曾经多次被抽调到省公安厅、市公安局参加编辑改稿等工作，从堆积如山的文稿中，突然发现一两篇思路清晰、文风朴实、语言优美的稿子，会高兴得手舞足蹈，会在编辑之间互相传阅讨论，会立即记住作者的名字，而且想和他取得联系，成为朋友。我拿自己的亲身感受设身处地地为媒体编辑着想，他们每天面对海量稿件，大海捞针一样地优中选优，如果你的稿子能够让他眼前一亮，他会一下子记住你，今后你投的稿子，命中率自然会大大提高，甚至很多时候，他会主动向你约稿。曾有编辑对我说：“并不是你那个地方特别出典型，而是因为你这个作者在那里。”

我在2013年撰写的一篇关于为农民工讨薪的文章，长达六千多字，《人民公安》杂志全文刊登。我和远在北京的编辑老师们素昧平生，能够得到如此青睐，是“让作品说话”的结果。2011年抗旱救灾中，我和局领导下乡送水抗旱，连续在最干旱的农村奋战近十天，每天累得身子骨快散架的夜晚，我仍然坚持整理采访笔记，撰写稿件。在各路专业记者奔赴一线采写抗旱新闻的情况下，我的稿子能在省报整版刊发，是“让作品说话”的结果。多篇纪实文稿被中央电视台《今日说法》等栏目摄制成电视专题片播出，也是“让作品说话”的结果。稿子能发表的时候写，不能发表的时候也在写；受人重视的时候写，受人冷落的时候也在写。“十年磨一剑”，苦乐自心知。我把“让作品说话”这句话放在办公桌上，时时警示自己，只有不停地写，不停地磨，才会出好作品、真成果。

二、确保真实

2014年，我被抽调到桐梓县委组织部，专门采写全县的重大先进典型人物。我去采写黄莲乡芭蕉溪村安星小学周廷猛老师。那是一个连教室都成了危房的教学点，一名老师教20多名学生，四个年级，复式教学，虽然条件相当艰苦，但周廷猛老师非常乐观，教学成绩也是全乡一流。我揣测他一定有很多感人故事，但他不善言谈，你问一句，他答一句，憨憨的，一时间采访不到更多素材，怎么办？我向领导汇报，要求吃住在黄莲乡。周廷猛上课的时候，我就坐在最后一排，看他如何上课，观察他和学生的一举一动。上课结束，我和他去家访，有时走访一家，要花大半天，山一程，水一程。走访这家，他讲这家的家庭情况，讲学生的学习和思想情况，走访那家，他又讲那家的情况，每一家的情况他都非常熟悉，每位家长对他都非常热情。我默默记录，写出了《传递爱的火把》，影响很好。可是，遵义市有关部门在编发这篇稿子的时候，为了引起领导重视，只摘取我文章中描写条件艰苦的那些段落，用了个“震慑人心”的标题——《黄莲有个比黄莲还苦的老师》。这下好了，遵义市领导签批，质问桐梓县的教育是怎么抓的；桐梓县领导再签批，质问教育局、黄莲乡的教育是怎么抓的。“娄子”越捅越大，领导找我谈话，有关部门打我电话，语气中不乏愤懑。这个时候，有的人居心不良，添油加醋地给周廷猛身上泼脏水，事情变得复杂多谲，我一时也陷入舆论焦点，但我坚信我的采写诚实可信。

后来，县里面组织调查组专门奔赴黄莲乡，对党政干部、村组干部、学校、教师、家长、学生、群众等各个方面进行了为期三四天的调查，发现我所采写的文章没有一句虚言，而且还有很多感人事迹之前没有被挖掘出来。调查组给县领导打了专题报告，县领导研究决定把周廷猛作为全国先进典型进行宣传，而且把重担直接交给了我。我接受了关于周廷猛的后续采访报道任务后，又围绕周廷猛进行“侦查式采访”，上遵义、到高桥、上黄莲，又挖掘出很多感人故事，再次撰写并刊发了一系列重磅稿件。

周廷猛的事迹引起社会各界广泛关注，来自全国各地的爱心捐赠源源不断。更有一位在广东某金融系统上班的北京大学高材生为此辞去工作，来到安星小学支教。2015 年纪念抗战胜利七十周年大阅兵时，贵州省 4 名先进典型受邀赴京观礼，桐梓县黄莲乡就去了两名，他们是“全国爱民模范”黄莲派出所所长陈如亮、“全国优秀教师”黄莲乡安星小学教师周廷猛。非常幸运，这两人都是我多年来一直跟踪采访报道的典型人物，我还因此被桐梓县委书记吴高波称赞为“写英雄的英雄”。最让我欣慰的是，安星小学在社会各界的关心与支持下，先后受捐物资达 200 多万元，修建了全市一流的农村小学，学生人数达到180多名，教师编制达到8名。

真实，永远是新闻的生命！

三、贴着人采

黔北农村闭塞的生存环境，导致很多采访对象不善于表达，如果不下足采访功夫，很难写出感人的文章。我采取“贴着人采访”的办法，与他们同吃同住同劳动，在具体生活和工作中近距离观察采访对象的一言一行、一举一动，然后针对他们的言行表现切入话题，所为所思所见所感就像打开的水龙头，源源不断地向我流淌而来。

2014年春节，我主动申请到看守所体验生活，在看守所一待就是整整一周，和民警们一起吃住、值班、查岗，和在押人员谈心交流，在与管教民警一起查监时，每看到一个细节，我如果没有想明白，就会耐心地问他们，为什么要这样做，为什么不那样做。比如看视频监控时，看到某人表现与其他人不一样，我会问，他犯何罪？他的这些表现，传递什么信号？该如何应对？不同教育程度、不同身份地位、不同犯罪类型的人员，羁押期间的表现不尽相同，该如何区别对待？我和民警一起值班，向他们请教，话题越聊越深入，他们谈论起来，也就越有针对性，能够切中要害。像这么特殊的地方，如果采访功夫不足，根本深入不下去，写不出好稿子，即使硬着头皮写了，也很难发表。当时我作了几万字的笔记，后来撰写了《高墙内的春节》等系列文章，新年长假结束上班的第一天，贵州日报在《视点》版全文刊发这篇稿子时，值班领导和报社领导都觉得风险太大，毕竟节日期间刊发这么敏感的话题，这个度很难把握。后来责任编辑告诉我，当时主编和社领导逐字逐句地审读，花了整整两个小时，最后一字没改地通过了终审。只是将标题改为《特别的地方特殊的春节》。

四、贴着人写

沈从文先生说，写小说要贴着人写。其实写新闻也应该贴着人写。被采访的人物在你心中的形象如何，你笔下的人物就会如何，一定要设身处地地想，他为什么要那样做？假如是我，我应该怎样做？你还要去征求他身边人的看法，他这样做究竟好不好？我以主要采访对象为核心，从他的亲人、同事、邻居等身边人入手，寻找与他有过节、有不同意见的人交流，或者在网上就某个话题与网友讨论，通过多角度、多层面的深入了解和思考，事情想通了，写作起来就不难了。

2014 年，我到木瓜镇四椏村采访一个照顾瘫痪丈夫 26 年的妇女赵立贵。她在 32 岁时，丈夫因帮助妹妹家建新房时从楼顶摔下来导致全身瘫痪。26 年来，她没去找过妹妹家的麻烦，也没找过村组干部的麻烦，独自抚养 7 个子女长大成家，有的读到高中，有的读到大学。26 年来，从来没有外界媒体关注过，我原以为她面对记者会哭诉她的苦难人生，然而，当我们见到她的时候，那张布满皱纹的脸上，却始终带着浅浅的微笑，除了花白的头发略显零乱外，她个人的穿着打扮干净利落，没有丝毫苦难妇女的邋遢，我在她丈夫的病床前坐了两三个小时，基本上没有异味，我观察她家房屋四周，院坝的晾衣竿上，挂着一长排洗净的尿布，那是为丈夫更换大小便的尿布。但是，这些只是表象，她本人却不善言谈，你问一句，她答一句。采访返程途中，有记者感叹，没什么写的。我没有说话，的确，如果按常规采访，是没有什么可写的，她本人并没有说出什么感人的故事。采访回来，我反复想，这 26 年她是怎样熬过来的？伴随酸甜苦辣的春夏秋冬，特别是数九寒天，如何清洗尿布，如何晾晒尿布？我尽可能设身处地地假设她的种种心情，面对种种困难时的想法和做法，她是如何面对年纪轻轻就守“活寡”的滋味？她遭遇过性引诱吗？她想过逃避责任吗？我越想越觉得她伟大，普通劳动妇女的伟大！这些假设可以写小说，但写真实的新闻故事绝对不行。于是我再次来到赵立贵家，与赵立贵及她的丈夫、子女又进行了多次采访交流，也走访了周边邻居、村组干部，就我假设的问题，合情合理地进行采访提问，或确认，或排除，或重新深入，或打消疑虑，终于把她26年来照顾瘫痪丈夫的枝枝叶叶掌握清楚，写出了《爱是家的根基》。写作的时候，我数次流泪。文章如果没有感动作者本人，怎么能感动读者呢？

五、新闻坐标

一般来说，用“新闻坐标法”策划新闻是报纸杂志的事，但在基层一线，采取“新闻坐标法”收集素材，能拓宽写作视野，加强纵横比较，提炼出更有高度的思想内涵，写出更有味道的新闻故事。

比如，2015年，我采写了一组《警花警嫂半边天》的纪实文章，选择了一名曾经的军嫂现在的警嫂、一名来自农村的进城无业的警嫂、一名坚持八年不放弃非考警察不可的女警、一名经营着上百万生意而仍然爱岗敬业的女辅警，通过她们的故事来反映桐梓公安的精神面貌。这篇稿子出来后，很多地方争相采用。后来，这篇文章选入公安部文联主编的《2015年度全国公安文学精选集》一书。这四名警花警嫂分别获得省级、市级、县级以及县公安局表彰。

用好“新闻坐标法”，可以写出非常有创意的好稿子。假如以年近六十岁的老民警为横向，全县48个所队室为纵向，可以写一批“老黄牛”；假如以“90后”女警为横向，全县48个所队室为纵向，可以写一批“最美警花”；假如以警察世家为纵向，全局老警察新警察家庭为横向，可以写许多“警察的DNA”的文章。用好“新闻坐标法”，可以在没新闻的地方发现新闻，在没有重大新闻线索或题材的时候有写不完的新闻。

六、风格特色

写任何文章，都必须有鲜明的风格特色。那么，风格特色从哪里来呢？乡土，民俗，群众口语，诗歌散文的大量阅读！

首先，你必须扎根脚下这片土地，对这片土地的人文历史、山川地貌，甚至一草一木都了然于胸，你的乡土味，外人无法复制，就算有人模仿复制，熟悉的人也会说，这篇文章像别人写的。其次是民俗。人们常说一方一俗，的确，不同的民俗折射在文章中，会增色不少。再者是群众口语。你要获得活生生的群众口语，必须深入群众，和群众打成一片，听群众话，记群众话，描群众动作，写群众生活。有很多精彩的口语，是你想不到的，更是书本上网络上看不到的。我在看守所体验生活时，与一个即将释放回家的朋友聊天，他先是摆摆脑袋说："哥，犯法的事干不得，风都吹得进来，雷都挺不出去。"我把这句闲聊中得来的句子，写进了《高墙内的春节》那篇文章中，很多读者连声叫好。

有人说："新闻结束的地方，文学刚刚出发。"平常多读一些诗歌散文著作，用诗歌散文的文采神韵涵养自己的心胸，会让自己的语言更富诗意，更加流畅灵动，你的新闻稿件就会显得温润细腻，情真意切，亲切可读。

"不缺一流的警察故事，缺乏一流的表达方式。"文字的魅力远远超过故事本身！埋头拉车亦苦亦乐，新闻写作永远在路上。成绩归零，重新开始。特作《咏荷》诗，以兹自励——

收枝敛叶入三秋，往日繁花概不留。

笑靥藏自寒沼里，报恩春色更风流！

（作者系贵州省桐梓县公安局辅警）

老树春深更著花

李忠勇

我今年64岁，曾任河北省井陉县公安局副局长、纪检书记等职，从小爱好写作，从17岁开始为新闻媒体写稿，尽管职业多次变换，但手中的笔始终没有放下，到如今已坚持47年。尤其是退休13年来，更是写出了大量新闻稿件，已在全国上百家新闻媒体平台和刊物上发表作品上万篇（次），并先后编著出版《新闻写作技巧暨作品集》、《金盾之歌》和《陉山亮剑》等书籍，曾多次立功受奖。回顾从事宣传报道工作的历程，我深刻体会到，宣传报道工作就是甘为他人做“嫁衣”，为社会传播正能量。

着力为“草根人物”讴歌

2003年年底，我因年龄到限退居二线，卸任后该干点什么呢?有人劝我去经商，有人拉我去搞直销，也有人说：“就你那退休金就够花了，在家歇着吧!”经过反复思考，我决定利用自己爱好写作的特长，专门从事宣传报道工作，再为公安队伍建设贡献一点光和热。

基层民警是人民群众的保护神，是新时期最可爱的人，无论是在命案攻坚、打黑除恶的战场，还是在巡逻防范、服务群众的一线，从高楼林立的都市，到层峦叠嶂的山区，从赤日炎炎的盛夏，到漫天飞雪的寒冬，他们立足本职，无私奉献，用实际行动谱写着对党、对人民、对法律的无限忠诚，实践着对公安事业的执著追求。他们朴实无华、平凡淡泊，却屡建功勋；他们每天都要直面险情，有时还要忍受家人和群众的误解，却依然无怨无悔。可以说，每一位民警都是一首歌，在他们身上都有许多闪光点，都值得歌颂和褒扬。

因此，我就把笔触和视线瞄准了他们，热情地讴歌他们，全力为他们做“嫁衣裳”，着重采写他们忘我侦查破案、维护社会治安、管理交通秩序、完成其他各项工作的情况和事迹。退到二线后，我无论是工作日还是节假日，只要有了新闻线索，我便随时出发，抓紧时间采访，第一时间发稿。在采访中，我放下架子，不耻下问，虚心向民警学习和请教，想方设法地获得第一手资料。有的民警对宣传工作认识不足，不愿意接受采访，我就耐心给他们做思想工作。十几年来，我采写报道了全局上百名基层民警的先进事迹，不少民警被树立为省、市公安机关先进典型。例如，环安大队大队长武力军在工作上不断开拓创新，做出突出成绩，尤其十多年如一日帮扶孤寡老人，资助十几名濒临辍学儿童完成学业，大风雪中救助被困司机，我对他进行了持续不断的宣传报道，他因此被授予石家庄市“十大亲民警察”，上级公安机关领导还在刊登有他事迹的报纸上批示，号召广大民警向他学习。

在做好公安宣传的同时，我还注意捕捉一些时代浪花，采写报道好人好事，积极弘扬社会正能量。12 年前的一个星期天，我在一家理发店偶遇一位名叫韩金贵的人，他开朗健谈，我们一边等待理发一边聊了起来。在闲聊中，我得知他是本县殡葬管理所党支部书记，从小在学校受到雷锋精神的熏陶。在部队时，他以雷锋为榜样，积极工作，被部队树为学雷锋标兵。然而在排除哑炮时发生爆炸，他被炸成重伤，评为二等乙级革命残废军人。退伍之后，他仍然坚持每周六利用休息时间为群众义务理发，每年都义务献血，经常用残废抚恤金资助贫困群众，还做了许多见义勇为、救人于危难的好事。然而，就是这样一个好人，心里却有许多苦恼，因为他的行动不被人们理解。有的人称他是“怪人”“傻子”，还有的人对他讽刺挖苦，他感觉自己做好事却像成了“罪人”，不知道以后该如何应对。听了他的讲述，我感到他几十年如一日地坚持学雷锋实在难得，应当给予支持和鼓励，便决定对他进行采访。他说：“我是一个‘有争议’的人，你宣传我不怕受牵连吗”？我说：“不怕，无论是出于警察职业道德还是新闻通讯员的良心，只要你做的好事是真实的，我都应当主持正义。”于是，我经过深入采访撰文，在当地党报上以整版篇幅推出了《爱做“傻事”的韩金贵》报道。一石激起千层浪，许多省内外媒体看到后纷纷前来对他进行采访，县有关部门也总结表彰了他的先进事迹。后来，他被选树为“感动井陉十大人物”，被评为省、市“优秀共产党员”，中央文明委授予他“中国好人”称号。之后，他一直对我心存感激，称我为“伯乐”。

除此之外，我还到农村、城镇社区挖掘，报道了许多平时不被人们关注的各类草根人物，如《河北一山沟老人握笔半余生　被誉“草根书法家”》、《河北一对老夫妻酷爱书法　携手演绎“笔尖上的爱情”》、《河北一老农临终前写村简记　后人赞最宝贵的“遗产”》等，使这些名不见经传的平凡人物，通过《中国新闻网》等网络媒体和传统媒体，走进了广大公众的视野，收到了良好的社会效果。

有人问我：“你天天忙着采写这个报道那个，费了那么多时间和精力，又没有什么稿费和报酬，图个什么？”我说：“这是一种社会责任，发现了先进人物不写出来，心里总觉得缺点什么，而写出来告诉世人，对其本人、对社会才算尽到责任，也才能对得起自己的良心。”

热心为帮扶贫困儿童奔走

作为公安新闻宣传工作者，不仅采写新闻稿件，为公安工作宣传鼓劲，我还用手中的笔帮助濒临失学的特困儿童，积极呼吁各方，组织联络社会各界好心人士对他们进行帮扶。

2013年12月，我县南白桦村民高某听说我热衷公益事业，就找到家里求助，恳请我帮忙救助他两个患有怪病的孪生女儿。他的两个孪生女儿从小均患同样的疾病，疑似脑瘫，已经9岁了，体重却只有12公斤，相当于一岁孩子的重量，一直不会说话，基本没有智商，刚刚学会走路，还走不稳。经多家医院检查治疗无法确诊，治疗已花去4万余元，却没有效果。高某本人给人打零工，挣不了多少钱，其妻子体弱多病，还要照料两个患病的孩子和70多岁的婆婆，家庭生活极为困难。为了救助这对孪生姐妹，我首先通过媒体刊发了他们求助的信息，并向燕赵公益组织求援。经过多方努力，终于与北京几家医疗单位共同促成了“中国梦·撑起爱心伞活动系列之儿童大病救助指导活动”。而后，我专程陪同这对孪生姐妹及其家人进京请北京晨光脑瘫康复中心专家现场为这对孪生姐妹的病情进行了免费检查评估。专家根据检测结果，提出了具体的康复训练指导性意见。回来后，两个孩子便在家长指导下进行长期康复训练，力求使两个孩子达到生活自理的程度。

2015年春节前，我听说本县实验中学一名15岁的初一女生得了罕见的脑出血病，昏迷不醒，转到省二院复查，被查出有3根血管畸形，需要立即手术，手术过程中又发现3根畸形血管。在医院住了20多天，花了10余万元，这使本来就贫困的家庭不堪重负，又欠下8万元外债。为了挽救小女孩的生命，我和井陉县好人协会的爱心人士组织开展了为她捐款献爱心活动，共联络18位爱心人士为她捐助了3150元善款，为小女孩筹集第二次手术费，并将此活动进行了宣传报道，唤起更多的人向小女孩伸出援助的手。

为了帮助深山区那些生活困难濒临失学的儿童完成学业，我还与韩金贵、武力军等人联系省内公益组织及爱心人士，对固兰、台头学校的70名多名留守贫困儿童进行了资助，为汪里村一个特困家庭的两个孩子长期资助上学，为一个患脑瘫的孩子捐助轮椅，给这些贫困家庭点燃了希望。

积极为弘扬“正能量”鼓呼

年过花甲，更觉得时光飞逝，越感到生命的宝贵。因此，我天天加班加点潜心写作，除了采写新闻，还练习写作随笔和时评，旗帜鲜明地匡扶正气，抨击歪风邪气，为营造健康向上的政治舆论出一份力。我每年在全国各类新闻媒体上刊稿达上千篇次，其中时评200多篇次，并有数十篇作品获奖。

2014年3月，河北省开展了“中国梦·赶考行”网络好评论评选活动，我认真查阅相关资料，经过反复思考，写出了《考好“三道试题”为京津冀协同发展交一份优秀答卷》一文，荣获一等奖，并收入《河北好声音》一书。同年11月，《河北日报》开展“学习十八届四中全会精神征文”活动，我立即撰写了《政法干部必须提高执法能力》一文，很快在《民主与法制》专版发表，并获得三等奖。

2015年6月，针对一些部门索要类似“我妈是我妈”“我老婆就是我老婆”等奇葩证明，使基层派出所不堪重负，我立即写出了《“证明难题”折射公共信息服务短板》的时评文章，其中分析了出现这种现象的原因，并提出了补齐公共信息服务“短板”的具体措施。此文经多家媒体发表和转载，在社会上引起反响，为公安机关及相关部门整治、取消奇葩证明，简化优化公共服务流程，切实解决“办证多、办事难”等问题提出了建议。在公安部组织开展2015年度“五个十佳”公安网络正能量精品征集评选活动中，这一作品获得精品文字类提名奖。

另外，自2014年以来，我还在浙江鲁迅杯廉政征文中获得优秀奖，在河北省节水征文中获得三等奖，在中国先锋网刊发的网评文章《给孩子过生日奢侈铺张之风不可长》、《节日防纠“四风”要常抓不懈》、《家人冒用医保卡案警醒了谁?》、《“为官不为”是行政管理官员的大敌》、《为河北率先给 110“减负”“瘦身”点赞》等 20 余篇作品，分别获得各种奖项。

“苍龙日暮还行雨，老树春深更著花。”我觉得，一生能为他人做“嫁衣”，为社会增加正能量，就是我最大的幸福。现在虽年过花甲，但仍在为自己钟爱的警营和宣传报道努力奋斗，不懈追求。2012 年至 2014 年，我连续三年被人民公安报、中国警察网授予全警“十佳通讯员”和“优秀通讯员”称号。评委写给我的颁奖词是：“衣带渐宽，不是身躯不再伟岸，戎装见证守护一方平安的虔诚；独上高楼，不是人生从此平凡，热血已经浇铸在字里行间。躬耕四十年，亦武亦文，既忠且勇，你的才情润物无声，你的舞台大幕拉开。”这段话是对我坚持梦想、笔耕不辍的高度概括，更是我今后不忘初心、继续前进的动力。

（作者系河北省井陉县公安局退休民警）